中学校教師のための
学級経営
365日のパーフェクトガイド

笹 達一郎 著

居心地のよいクラスにする
ポイント&チェックリスト

明治図書

少し長い「はじめに」

「自分の担任するクラスの生徒に,『どんな学級になって欲しい』と伝えますか?」

先輩の先生にこんな質問をされたら,あなたはどのように答えるでしょうか。

担任として教壇に立つには,この質問の答えとなる「自分の言葉」を持たなければなりません。

「男女の仲がよくて,しっかり勉強に取り組めて,休む生徒が少なくて…」

「何でも一生懸命取り組めて,誰にでも優しくできて,元気があって…」

これはいただけません。先生が何を一番大切に思っているか,生徒にも保護者にも,同僚の先生にもイメージできません。

「行事でNo.1のクラス」

「勉強ができるクラス」

「話を聞く姿勢のあるクラス」

これもダメです。先生が伸ばしたいと思っている力が限定的すぎます。運動が苦手,歌が苦手,勉強が苦手な生徒はどうしたらよいのでしょうか。あるいは人の話を「だまって聞いていればよい」というのでは寂しすぎます。

生徒が教室の雰囲気をイメージでき,共感しやすい,短い言葉がよいのです。

「居心地のよいクラス」

これが,私が自分の担任するクラスに伝えるクラス像です。私は生徒に出会ってすぐ,年度の初めにこんな話をします。

> 私は,いつも自分のクラスが「居心地のよいクラス」になって欲しいと思っています。皆もそう思っているはずです。証拠を見せようか? では,「居心地の悪いクラス」が好きな人は手を挙げて! ほーら,いません!「居心地のよいクラス」に41票。41? もちろん私も含めてですよ!(笑)先生も,生徒も,皆「居心地のよいクラス」。どうです? いいでしょう。

なぜ，私がこのクラスに「居心地のよいクラス」になってほしいか，理由を話します。
　皆は全員，勉強がすごくできる生徒ですか？
　テスト，いつも100点の生徒ですか？
　全員が運動神経抜群で，いつも100m走は一番でゴールですか？
　マラソン大会は毎年拍手喝采の中をゴールするんですか？
　「○○中のヒーロー」みたいにかっこいい？
　「○○中のアイドル」みたいに注目を集めてる？
　若くてかっこよくて，クールで人気のある先生なの？（笑）
　そうではないと思います。中にはそういう人もいるかも知れませんが（それは立派なことだったり，うらやましいことではありますが），人それぞれに，持ち味，能力，魅力が違います。たとえどんなに優れた力があったとしても，そういう人だけが楽しく，居心地がよいクラスではいけない，と私は思っています。

　私は，1つの教室に与えられた幸せの大きさは決まっていると思っています。例えばこのクラスには，こんなくらいの「幸せ」。

　誰かが他の人の分のハッピーを取ってしまったら，他の人のハッピーが小さくなってしまいます。「1つの教室に与えられた幸せの大きさ」は決まっているのですから。
　私はこの教室に与えられたハッピーを，お互いに譲り合いながら分け合って欲しいと思います。誰かがうんと得する訳でもなく，誰かがうんと損をする訳でもない。皆が「そこそこハッピー」。
　それが「居心地のよいクラス」です。もちろん，私にもちっちゃくていいから，「ハッピー」を下さいね。（笑）

あなたが生徒に伝える「どんな学級になって欲しいかを表現する言葉」はどんな言葉でしょう。そしてそれを支えるものは先生のどのような想いでしょうか。

　難しく考える必要はありません。

　私が紹介した「居心地のよいクラス」という言葉，それを支える考え方は，私のオリジナルではありません。私も，初任の頃にはいろいろと迷いました。「正しいことを正しいと言えるクラス」，「正義が通用するクラス」，「集中力のあるクラス」，「それぞれの生徒が力を発揮できるクラス」，「思いやりを持って友達に接することのできるクラス」…。

　そんな時，先輩の先生が私に話してくれたのが「居心地のよいクラス」でした。先輩の先生の話を，なるほどなぁとお聞きし，自分の中で反芻して生徒の前で繰り返し話すうち，だんだんと「自分の言葉」になってきたのです。

　謙虚な気持ちでアンテナの感度を上げて見渡せば，必ず周囲の先輩の先生，あるいは実践を記した書物から，たくさんのヒントがもらえるはずです。それを自分の言葉として温め，育てて欲しいと思うのです。

　さて，まえおきが長くなりました。本書の紹介をしたいと思います。

　本書は中学校の学級経営について書かれた本です。これから教員になろうという学生，教員経験の浅い先生から，経験が10年程度の先生にも読み甲斐があるような内容を心がけました。書かれていることの多くは，私が教師になりたての頃に，見よう見まねで周囲の先生から学んだことです。ですから，とりわけ経験の浅い先生にとって，「そのような方法があるのか」「そのような話し方をすればよいのか」と，学級経営のヒントとなることが多いはずです。

　学級経営の本は様々ありますが，本書が売りとしている点は３つあります。

　１つ目は，１年間を通して学級経営上大切と思われる項目を取り上げ，心がけたいチェックポイントを示したことです。あわせて，指導の準備や取り組みのノウハウ，掲示物や図，ワークシートなどを紹介しました。ノウハウについては賛否ありますが，「知らないモノは実践できない」というのが私

の考えです。まして，教員の大量退職時代（に伴う経験の浅い教員の増加），少子化に伴う小規模学校の増加という背景を考慮すれば，網羅的に要領よくまとめられたノウハウは，意味も価値もあると考えています。

　２つ目です。学級担任として，私が生徒にどのような言葉を使って自分の考えを伝えたり，語ったりしているのか，私の「語り」を書き起こした点です。その一例として，先ほど「居心地のよいクラス」についての私の「語り」を紹介しました。これらの「語り」は，本書を読まれる先生に，そのまま使ってもらおうという意図で書いたものではありません。「語り」は生徒の実態，先生の考えや性格によって大きく変わるものです。また，他人の「語り」をそのまま使ってうまくいくものでもありません。けれども，他の担任の先生が学級で語っている言葉を耳にする機会はまずないのが，学校現場です。担任の，どのような言葉が中学生に効果的に働くのか，どのような言葉が生徒の心に響くのか。私の「語り」は，それを探るためのヒントになると考えています。

　３つ目は，書き下ろしであることの利点を生かし，次の考え方を一貫して大切にしていることです。

　それは「学級経営は１年をかけた人づくりの取り組みであり，先生の成長のプロセスであること」です。

　中学校の学級経営については，これまで安全管理，問題行動の防止など，危機管理的な側面から語られることがほとんどでした。反面，指導の底に流れる教育観や指導観，さらには日々の学級指導で必要となるノウハウについて語られることは多くなかったのです。これは中学校が教科担任制であったり，小学校に比べて学年集団の力が強かったりするためでしょう。

　近年，いじめの問題を中心に，中学校における学級経営のあり方が注目されています。「人づくり」の視線から，私たちは中学校における学級経営の大切さ，そしてその難しさについて正面から向き合う時期にあるのではないでしょうか。

　聞くところによれば，一部の大学では学級の機能を生かした指導が見直さ

れているとのことです。学級への所属意識が，学生に安心感をもたらし，学生生活の安定を支える役割を果たすことが注目されているのです。大学生においてさえこうなのですから，中学生にとって，学級が生活の基盤としてどれほど大切なものであるか述べるまでもありません。

　もちろん，学級には「居場所」として安心感を得られるというメリットがあるだけではありません。固定された人間関係の中で生活するためには，人は他人と共に行動したり，自分の気持ちを抑えたりするなど，他人と折り合う力が要求されます。また，固定された人間関係は，いじめを生む温床になりやすいことも事実です。

　学級経営の仕事は，これらの困難を乗り越えながら，固定された人間関係を通して1年をかけて他者と折り合う力を育て，社会で生きる「人づくり」をすることです。

　そして忘れないで欲しいことは，学級においては担任の先生自身も生徒にとって「固定された人間関係」の一部になるということです。つまり，先生自身も生徒と共に折り合いをつけながら生活し，成長することが求められるのです。この意味から，読者の先生方には，ぜひ「失敗を恐れない」で学級経営に打ち込んで欲しいと思います。学級は，生徒にとっても先生にとっても「人づくりの場」であり，「失敗を通して成長する場」なのですから。

　「先生も生徒も失敗を通して成長していく」ということが，具体的にどういうことなのかについては，本文の中でだんだんと明らかにしていくことにしましょう。

　本書が生徒の心に響く学級経営の一助となり，いじめのない，明るく楽しい，誰にとっても「居心地のよい」学級づくりの参考になれば幸いです。

　　2013年4月

　　　　　　　　　　　　　　　　　　　　　　　　　　　笹　達一郎

CONTENTS

少し長い「はじめに」

POINT 1　ダイアモンドウィーク

1. ダイアモンドウィーク　13
2. ダイアモンドウィークのはじまり　15
3. ダイアモンドウィークに必ずやっておかなければならないこと　15
   - ❶ 引き継ぎについて
   - ❷ 座席決め
   - ❸ ネームシールの作成
   - ❹ ロッカーの割り当て
   - ❺ 掲示計画を立てる
   - ❻ 備品の整備について
   - ❼ 初日の配付物の準備
   - ❽ 自己紹介や指示・指導の内容を確認する
   - ❾ 3日間の予定の確認と準備について
4. ダイアモンドウィークの心がけ　25

POINT 2　黄金の3日間

1. 黄金の3日間を正しくとらえる　29
2. 黄金の3日間を支えるもの　31
3. 分かりやすい指示ができているか　32
   - ❶ 伝える情報を自分で理解しているか
   - ❷ 伝える情報が多すぎないか
   - ❸ 予定や指示を黒板で示すなどの工夫をしているか
4. 3日間の時間の使い方　36
   - ❶ 空白の時間を作らない
   - ❷ 息抜きも大事

5. 保護者を意識しているか　39

POINT 3　給食指導

　　1. 給食の前に　42
　　　❶ 給食班，給食当番のローテーションや分担
　　　❷ 配膳の方法と工夫
　　　❸ 給食時間中の座席
　　　❹ 「いただきます」のタイミング
　　2. 給食時間中に　47
　　　❶ おかわりルール
　　　❷ 食事中の出歩き・立ち歩き
　　　❸ 給食時間中に必要となりそうな約束ごとをどうするか
　　　❹ 下膳のルール
　　3. 給食時間を終えて　52
　　　❶ いつ「ごちそうさま」をするか
　　　❷ 担任は片付け終わるまでじっとガマン
　　　❸ 自分たちで片付けができる状態になっているか
　　4. 給食指導のエトセトラ　55
　　　◆おかずのやりとり　◆数モノの残りは　◆給食の残しについて
　　　◆給食を食べながら

POINT 4　清掃指導

　　1. 掃除の大切さについて繰り返し話して聞かせること　58
　　2. 掃除のやり方を教えること　60
　　　❶ 清掃用具の使い方を教える
　　　❷ 班編制，ローテーションの仕方
　　　❸ 「掃除の終わり方」を教える
　　3. 掃除は生徒をほめるチャンス　66
　　4. 清掃用具について　68
　　　❶ 年度初めに先生自身が清掃用具の確認をすること

❷ 清掃用具入れの整備
❸ 清掃用具の定期的な点検
5. 清掃の習慣付けのために　69

POINT 5　朝・帰りの学活指導

1. 朝の挨拶　72
2. 遅刻の扱いははっきりしているか　72
3. 伝達・指導事項をどのように伝えるか　74
4. 帰りの学活　77
5. 朝の学活エトセトラ　78
　◆日直司会，意味ありますか　◆「1日の目標」って，意味ありますか　◆たまにはこんなお楽しみ

POINT 6　座席の配置・席替え・座席表

1. 座席の配置は意図的に決めているか　80
2. 年度初めの座席順　81
3. 席替えの方法とタイミング　83
4. 席の配置や席替えの方法，タイミングは1年間を通して変えない　86
5. 座席にまつわるエトセトラ　87
　◆配付物を回収する　◆座席をきれいに揃えるために

POINT 7　家庭訪問・三者面談

1. 家庭訪問　89
　❶ 家庭訪問の予定
　❷ 時間を守って家庭訪問
　❸ 家庭訪問では話す内容，聞く内容を整理しておく
　❹ 家庭訪問で得た情報の扱いには気を付ける
2. 三者面談　93
　❶ 三者面談の趣旨を伝えているか
　❷ よい部分を評価するよう心がけているか

❸ 保護者に気持ちよく帰ってもらえるような工夫をしているか

POINT 8　生活記録・通知表・学級通信

1. 生活記録　99
   - ❶ 生活記録の提出
   - ❷ 生活ノートと生徒指導上の配慮
2. 通知表　102
   - ❶ 通知表の大切なことは「正確性」,「整合性」
   - ❷ 所見は「ほめること」を中心に
   - ❸ 生徒に自己評価をさせる
3. 学級通信　108
   - ❶ 学級通信づくりは学級づくり
   - ❷ 学級通信づくりの工夫
   - ❸ 学級通信の留意点

POINT 9　いじめを許さない学級経営

1. いじめはいつでも起こるという気構えを持つ　113
2. いじめを許さない姿勢をどう示すか　114
3. いじめを防ぐための日常の指導　116
   - ❶ 安心して生活できる学級の雰囲気づくりのために
   - ❷ 観察,声かけ,全体指導
4. 起こってしまったいじめに適切に対応するために　130
   - ❶ 組織的対応・緊急的な抑止が必要ないじめに対応する
   - ❷ 組織的対応・いじめは複数の目で判断する

POINT 10　不登校の予防と対応

1. 不登校の理解　132
   - ❶ 「学校で学ぶ」ということ
   - ❷ 不登校の原因
2. 不登校への防止に向けて　134
   - ❶ 学級の雰囲気づくり

❷ 欠席・遅刻・早退に注意
❸ 無気力・疲れた表情，部活動でのつまずき
3. **不登校の生徒への対応** 139
❶ 初期対応：スピーディーに，丁寧に
❷ 中期的対応：生徒，保護者への定期的な連絡を
❸ 長期的対応：クラスとのつながりを大切にする

POINT 11 学級経営と問題行動

1. **生徒は「ことをし損じる」もの** 145
2. **生徒が「ことをし損じ」ないように**…問題行動の未然防止 146
❶ 掲示物の工夫
❷ 「生徒が勝手に見た」は通用しない
❸ 人の物を壊させない
3. **生徒が「ことをし損じ」たら**…失敗に学ばせる指導のために 149
❶ けんかの指導をする
❷ 「叱る」，「怒る」はどちらも大事
❸ 指導は全体指導と個別指導を分けて行う
❹ 物がなくなった時の指導
❺ 担任のいないところで問題行動を起こさせない
❻ 非行の指導
4. **問題行動に対してどのように対応しているか** 164
❶ 組織的対応を心がけているか
❷ スピードが必要な対応
❸ 先生の努力で乗り切ることも大切

POINT 12 学力と学級経営

1. **教科指導と学級経営** 168
2. **学習指導をどのように行うか** 170
❶ 日常の学習指導
❷ テスト勉強の指導

❸ 提出物の指導
3. 個別指導のあり方　176
4. 学習指導のエトセトラ　177
　　◆メリハリを付ける　◆学級の平均点を上げることにこだわり過ぎない

POINT 13　学級経営にまつわるQ&A

Q1 教員志望の学生です。大学時代にはどのようなことに取り組んだらよいでしょうか。　181

Q2 教師3年目になりますが，人前で話をすることが苦手です。どうしたら話すことが得意になるでしょうか。　182

Q3 クラス対抗行事で頑張って勝ち，クラスを盛り上げて，団結力を高めたいと思います。どのようにしたらよいでしょうか。　183

Q4 同じ学年にいろいろな先生がいて，考えを合わせることが難しく感じます。また，仕事の量に差があって，自分ばかりに仕事が回ってくることに納得できません。　185

Q5 生徒からの相談についてどう答えたらよいか，分からないことがあり，困っています。また，いつも相談で放課後の時間がなくなってしまい，これでいいのかと思ってしまいます。　187

Q6 自分のプライベートをどこまで伝えるべきでしょうか。電話番号は仕方がないと思いますが，住所や，特にメールとなると，生徒，家庭に知らせることがためらわれます。　189

Q7 保護者との関わりがうまくいきません。どうしたらよいでしょうか。　190

Q8 学年の終わりが近付いてきました。学級の最後に向けてどのような心がけを持ったらよいのでしょうか。　191

あとがき

POINT 1 ダイアモンドウィーク

CHECK LIST!

□担任をする生徒について引き継ぎ事項を確認してあるか
□座席，ロッカーの割り当てを用意してあるか
□清掃班を決め，清掃場所のローテーションや分担を決めて掲示を作成してあるか
□給食班を決め，給食当番のローテーションや分担を決めて掲示を作成してあるか
□初日の配付物が整理されているか
□先生の自己紹介の内容，初日の指示や指導内容は確認できているか

1. ダイアモンドウィーク

　「黄金の３日間」という言葉は何度も聞いたことがあると思います。この言葉は，学級開きの３日間の重要性を表したものです。学年初めに，担任の先生が生徒の心を引き付けたり，教室のルールを明確にしたりして，生徒が落ち着いて生活できるようにすることは，１年間の学級経営の基礎を作る上で非常に大切なことです。

　ただ，私はあまりにもこの３日間が強調されすぎているように思います。言うまでもないことですが，この３日間だけ熱心に指導に取り組めば，１年間の学級経営が成功するというわけではありません。あるいは，この３日間を無事に過ごせば，先生や生徒が１年間安泰に過ごせるということでもありません。学級経営は，文字通り１年をかけてじっくりと取り組む必要があるものだからです。

　そのように考えれば，学級開きからのわずか３日間ではなく，それまでの間に「学級担任として取り組みたいことをどのくらいためてきたか」の方が重要です。

例えば，A先生の新学期準備の様子，B先生の学年初めの指導方法，C先生の日頃の授業の進め方や教室掲示の工夫，D先生の生徒との関わり合い方やトラブルの処置方法。

　「これは参考にしたい」，「私だったらこのようにしたい」。そのような具体的な実践を，前年度までにたくさん蓄積しておく必要があります。あるいは，このような指導は自分は避けたい，というものもあるかも知れません。そういう場合も，単なる批判ではなく「自分だったらこうしたい」，「こう工夫すればもっとうまくいくはずだ」というように，具体的な手立てを考えておきましょう。

　全校の先生を見渡し，自分が刺激を受けるような実践をしている先生の仕事をよく観察して下さい。先に述べたように，道徳のワークシートはE先生，学活指導はF先生，書類作成はD先生というように，部分部分で構わないのです。周囲の先生から学べることを，自分の見方で見つけて学ぶことが大切です。

　もちろん本を読んで参考になる実践を学ぶこともできます。自分の感覚に近い言葉を発している実践者が必ずいるはずです。多くの本に触れて，様々な実践を知りましょう。「知らないものは実践できない」のですから。

　とは言え，前年度まで遡ってしまっては話にきりがなくなってしまいます。本書では，年度初めから始業に至るまでの1週間に絞って話を進めることにしましょう。

　「黄金の3日間」に比べると，4月1日から始業式に至る1週間はあまり注目されていません。けれども，私の考えでは，この1週間は「黄金の3日間」に匹敵する大切な時間です。

　4月の誕生石はダイアモンドです。4月最初のこの大切な1週間を「ダイアモンドウィーク」と名付けましょう。ダイアモンドウィークにどんなことに注意し，準備を整えておけば，よりよい学級経営が可能になるのか，読者の先生と一緒に考えてみたいと思います。

2. ダイアモンドウィークのはじまり

　年度初めは職員会議から始まります。新しい校務分掌，新しい学年配当，授業担当など，1年間の基礎となる事項が決定されます。新しく赴任してきた職員との出会いもあり，新たな1年のスタートの日として，緊張と共に新鮮さを味わえる日です。

　所属学年，校務分掌などは，学校や職員の事情で，思うようにならないこともありますが，何事も経験してみなければ分かりません。どんな役割を与えられても，「これを機会に勉強しよう」と前向きに受け止めたいものです。

　職員会議での決定事項を受けて，学年ごとに学年会議が行われます。学年会議では，学年の分掌や，学級経営のあり方について学年の方針が決定されます。その中でも一番大きなことは，自分の学級の生徒の決定でしょう。氏名印や各種資料を学級別に振り分ける中で，だんだんと自分の担任の子どもたちの名前を覚え，「こんな子かな」，「あんな子かな」と想像がふくらんできます。始業式での出会いが楽しみになったり，時には不安になったりします。これも新学期に独特な，新鮮な心境です。

3. ダイアモンドウィークに必ずやっておかなければならないこと

　学級経営に関して，始業式前日までにやっておかなければならないことは山ほどあります。少し細かく確認してみましょう。

　仕事に慣れるまでは，学級名簿の作成や貼り出し用の氏名作成などは，名簿担当の先生がして下さるでしょう。このような学年を支える仕事も，2年目，3年目とキャリアを進めるにしたがって，「できません」では済まなくなります。学級担任の仕事以外に学年の仕事や学校の仕事なども背負わなければならなくなり，必然的に忙しさが増します。始業式までにやるべきことをリスト化し，効率的に進める癖を付けていきましょう。

　以下に，ダイアモンドウィークに「必ずやっておきたいこと＝◆」，「できればしておきたいこと＝◇」について，整理しながら話を進めます。なお，給食と清掃に関わる準備についてはそれぞれの章で詳しく解説しているので，

ここでは割愛しています。

❶ 引き継ぎについて

◆保健関係や家族関係などで，配慮すべき生徒について学年全体で情報交換を行う。

◇担任予定で配慮が必要な生徒について，前年度に関係した先生にヒアリングし，指導上の留意が必要な事項のメモを作成する。

　自分の受け持つ生徒が決まったら，まず気を付けなければならないことが，配慮が必要な生徒の把握です。引き継ぎの情報のほとんどは文書の形で手元に来て学年会などで共有されるので，問題はないと思いますが，保健関係や特別な支援の必要性など，「知らなかった」では済まされない情報については落ちのないように念を入れなければなりません。

　また，中学校は教科担任制ですから，学年全体の生徒についてもある程度理解しておく必要があります。学年全体の配慮すべき生徒に関する情報を整理しておきましょう。

　なお，担任する生徒の要録など，引き継ぎ資料にすべて目を通せれば結構なことですが，新年度の限られた時間の中で，完璧を期すのは難しいことです。「先入観を持ってしまうから，行動の記録の記述はあまり深読みし過ぎないようにしている」という先生にお会いしたこともありますが，あながち間違いではないと思います。生徒の性格や雰囲気は，記述する先生によって大きく変わることがあるからです。ダイアモンドウィークには先に述べた保健関係，特別な支援の必要性に加え，家族関係，人間関係などの「課題」に絞って，引き継ぎ資料から洗い出せば十分でしょう。

　ところで，引き継ぎなどで名前の挙がらない生徒でも，見方によっては配慮が必要な生徒がいることがあります。私は2，3年の飛び込みの学年でクラスを担任する時，持ち上げの先生に「先生の目で見て，何か特別な配慮が必要だったり，進級後に心配だったりする生徒がいますか」などと尋ねます。そこで名前の挙がった生徒については，旧担任などにどんな配慮をしてきた

のかを尋ねます。このようなやりとりの中で，文書や書類の引き継ぎでは見えない生徒の雰囲気や，課題に関する情報を得ることができるのです。

❷ 座席決め

◆座席の配置を決め，座席を決める。
◇保健関係の資料を使って，視力や身長の記録から机といすを入れ替えたり，席の前後を配慮する。

　学級名簿ができたら，座席の配置（男女の並び，余りの席の作り方など）を決め，次に学級開きの際の座席（座席表）を決めます。どちらも機械的に振り分けるのではなく，男女バランスや人間関係に配慮しながら先生が「意図を持って座席決めを行う」ことが大切です。詳細な方法については p.80 に詳しく書きましたので，参考にして下さい。

　多忙なダイアモンドウィークにこのような作業をすることはかなりの手間になりますが，学級の滑り出しをよくするための私のテクニックの1つです。

❸ ネームシールの作成

◆ネームシールを作成する。
◇どこにどのように貼ったらよいか，的確に指示できるよう準備する。

　机やいすなどに使うネームカードの作成作業は副担任の先生がしてくれることが多いと思いますが，「生徒の名前に関わること」については，多少苦しくても「自分でやります」と積極的にやる方がよいと思います。「始業式までにクラスの生徒の名前を順番通りにすべて覚えるべきだ」と言う人もいますが，そんな苦しいことをしなくとも，「生徒の名前に関わること」の作業をやっていれば，自然とある程度覚えられるからです。

　丁寧な先生によってはネームシールを貼ってあげる先生もいるようですが，相手は中学生です。自分できちんと貼ることができるように，先生が「手際のよい説明をできる」よう準備することの方が大事です。

❹ロッカーの割り当て

```
◆ロッカーの割り当てを決め，ネームシールを貼る。
◇共有ロッカーの利用方法を決め，表示を貼る。
```

　ロッカーの割り当ては，先生が決める必要があります。教室のロッカーの数や配置によって，不使用としたり，共有としたりするロッカーを決めなければならないからです。例えば一番下のロッカーはホコリが入りやすく，使いづらいため，物入れなどにしてできるだけ使わずに済むように配慮したいところです。

　また，男女の並びも重要です。混合名簿の並び順で機械的に割り振ると男女が混在し，いらぬトラブルの元になります。したがって，ロッカーは机やいすとは違って，先生があらかじめネームシールを貼っておく必要があります。男女のロッカーの間を共有ロッカーにしたり，男女の間に色のテープを貼るなどの配慮をするとよいでしょう。

　ところで，共有ロッカーには何も置かないでおくと，あっという間に要領のよい生徒の「物置」になってしまいます。学級が始まって数週間でこのような状態になってしまう教室がありますが，「教室の正義」が機能している状態であるとは言えません。あらかじめ先生が「学級文庫」，「掃除用具備品」などのステッカーを貼り，ロッカーの中に物を入れて，共有のロッカーであることを明らかにしておく必要があります。右の図は学級文庫を入れた棚のイラストです。「教室の正義」のためにも，分かりやすいロッカー管理を心がけましょう。

❺ 掲示計画を立てる

◆教室の掲示計画（教室の掲示物をどこに貼るか）を決めておく。
◇掲示物のタイトルを作成して貼る。

　教室の掲示を思い付きで貼ってしまう先生も少なくありません。手間ではありますが，「自己紹介は教室後ろの壁面左に」，「委員会・係のポスターは中央」，「個人目標は右に」，「教室の廊下側の教科黒板の横には学校通信と学級通信」のように，掲示物を貼るスペースを決めておいた方がよいでしょう。スペースが決まれば，掲示物1枚あたりの掲示物の大きさも分かるからです。
　さらに，掲示物のタイトルを作成して貼っておくことができたらすばらしいと思います。学級開きの時には掲示物は何も貼られていないわけですが，「どんな掲示物が貼られるのだろう」という生徒の期待も高まりますし，整然とした雰囲気の教室環境を保つためのよい手立てになります。

❻ 備品の整備について

◆教室の備品や机・ロッカーの破損状況を調べておく。
◇備品・机・ロッカーの破損を修繕する。

　教室は物が傷む環境です。子どもが長年にわたって共有の物を使っているのですから，ある程度は仕方ありません。それでも，4月の初めには，きれいな机やいす，ロッカーを使わせてあげたいものです。なかでも天板は，彫刻刀やコンパスの針の犠牲になったものを使わせることは忍びなく思います。破損状況を確認し，あまりにひどいものであるなら交換を，すぐに直せるものであるなら，担当の先生を通じて補修の依頼をしましょう。

　とは言え，年間で最も忙しいダイアモンドウィークに，このような補修をお願いすることは難しいというのが現実でしょう。負担が大きくなるのであまりお勧めはできませんが，先生ご自身が補修してしまう手もあります。ホームセンターで購入したパテとニスを使って，穴の補修をしてしまうのです。私は多少木工ができるので，ダイアモンドウィークの土日を使って教室の机の穴をふさいでニスを塗ったり，教室壁面の穴をふさいだりします。清掃用具入れの扉の修繕，ロッカーのペンキ塗りをしたこともあります。

　修繕やペンキ塗りは誰にでもできるものではありませんが，消しゴムで消える落書きを消したり，破損したテープカッターや鉛筆削りを交換したりする程度のことは誰にでもできます。手の届く範囲で整備しておきましょう。

　このような整備は，気持ちのよい新学期を迎えるための一方策になるのと同時に，新しく教室を使う生徒による教室の破損を減らしたり，落書きを防止する効果もあります。「割れ窓理論」[1]にあるように，もともときれいな場所というものは汚しづらいものなのです。

---

[1]　アメリカの犯罪学者，ジョージ・ケリングが提唱した犯罪防止理論。ニューヨークのジュリアーノ市長が施策に取り入れ，治安の向上に成果を上げたことで有名。壊れた窓をそのままにしておくと，他の窓も壊されやすくなると言います。小さなものでも壊れたものや傷んだものは，早めに直したり取り替えたりすることで全体の環境整備に効果を及ぼします。

❼ 初日の配付物の準備

◆初日の配付物を整理する。
◇初日の配付物は一覧と共に封筒に入れ，生徒の机上に置く。

　始業式当日は教室がとても慌ただしい状態になります。新しい教科書が山積みにされた机の周囲を，右に左にプリントが飛び交い，先生は目をつり上げ，声を張り上げて説明をし，生徒は目をシロクロさせながら話を聞きます。

> 　プリント15枚，ちゃんと手元にあるかな。明日はこれとこれとこれが提出だからね。明後日はこれとこれだよ。ちゃんと言ったからね。最初から忘れ物するんじゃないよ。

　あっという間に時間は尽き，「初めての出会い」，「１年の始まり」という新鮮な雰囲気を味わうどころではなく，時間が過ぎ去ってしまいます。これには「ちょっと待って欲しい」と私は思います。生徒たちは初めての教室，初めての友達，初めての先生を目の前に緊張しています。集中力を高めて頑張っていますが，それでも限界があります。初日に配付される大量の資料は，大人でも把握することが難しい量と中身です。「理解しやすくする」工夫をすることは，教師の義務と言ってもよいでしょう。ぜひ，初日の配付物は整理し，p.22図１のような一覧を作成して分かりやすくしてあげましょう。

　年度の初日には気を遣わなければならないことが多く発生します。加えてハプニングも予想されます。生徒の遅刻や欠席，具合の悪い生徒が出たり，配付プリントの枚数が足りなかったり，印刷ミスがあったりするものです。

　こういうハプニングに備え，私は準備をもう一歩進めておきます。配付物は図１の一覧と一緒に，図２のような封筒に入れ，前日のうちに机上に配付してしまいます。

　ここまで準備をしておけば，初日にはよほどのことがあっても対応ができます。同時に，ゆとりを持って生徒との出会いを楽しむことができるわけです。

今日、配布された書類などについて

※印のついているものは（9日）にご提出いただく重要書類です。その他にも今後から家庭へ運搬いたり、購入いただくことがあります。ご家庭でのご指導をお願い申し上げます。多くの書類を提出していただいたり、購入いただくことがあります。ご家庭でのご指導をお願い申し上げます。

番号	配布資料名	チェック欄	備　考（ご家庭の方にも読んでいただく）
1	学級通信 Vol.1 & 2	□	少しずつ発行していきたいと思います。担任から家庭への連絡物として活用させていただくほか、クラスの様子をお伝えするものにしていきたいと思います。
2	学年通信第1号	□	学年のスケジュール、様子についての連絡です。特に来週の予定（体育着、ヘルメット等）の販売予定などに注意下さい。
★3	個人調査票	□	明日（9日）にご提出下さい。
★4	緊急連絡方法の調査票	□	明日（9日）にご提出下さい。
★5	学費納入口座振替申込書	□	明日（9日）にご提出下さい。※銀行口座開設印の押印は【捨印】を無きようお願いします。印鑑を押す場所が2か所ありますのでお気をつけください。
6	学校給食費について	□	給食費に関するお知らせです。
7	生徒健康調査と健康の記録記入について	□	よくお読みいただき、下の「生徒保健票・健康の記録」をご記入下さい。
★8	保健・健康の記録	□	明日（9日）にご提出下さい。
9	心臓検診の問診票プリント／ゲン検査票について	□	4月10日（水）までにご提出下さい。
10	心臓検診用調査票および健康診断書	□	上セットです。4月10日（水）までにご提出下さい。
★11	トレシャツ（体育着）等申込	□	明日9日（水）朝7時30分から玄関にて販売します。必要な事項をご記入いただき、お金といっしょにお持ち下さい。
12	トレーナー申込書	□	4月10日（木）朝7時30分から玄関にて担任の先生から指示があるので、当日をよろしくお願いします。ご記入いただき、必要なお金を持ってきて下さい。なお申込は有りません。
13	交通安全のしおり	□	よくお読み下さい。生徒手帳等にはさまれるようにしてください。
14	ヘルメット・レインコート販売のお知らせ	□	4月14日（月）朝7時45分から玄関にて担任の先生から指示があるので、お待ち下さい。なお申込は有りません。
15	保健委員会からのお知らせ	□	教育委員会からのお知らせです。
16	教科書 国語 書写 社会（地理） 社会（歴史） 地図 数学 理科1分野上 音楽（一般） 音楽（器楽） 美術 保健体育 体育実技 技術・家庭（上） 英語	□□□□□□□□□□□□□□	持ち帰ったらすべての教科書に名前を書いて下さい。ノートについては、最初の授業で担任の先生から指示があるので、すぐに用意する必要はありません。
17	名札	□	1人2枚お渡します。※名札の付け方は一番上に着るものに付けて下さい。 男子／制服・ワイシャツ、女子／制服・ベスト・ブラウス

図1

明日9日（水）に持ってきて下さい。

○筆記用具　○教科書12枚（小学校の時のもの）　○体育着
○給食用のおはし　○マスク　○給食当番の人　○上の★印の書類とYシャツのお金

ご入学おめでとうございます！

Welcome to Mr. Sasa's class!

1年6組　担任　笹　達一郎

図2

❽ 自己紹介や指示・指導の内容を確認する

◆自己紹介の内容，指示や指導の内容を確認する。
◇話す内容は原稿を書いて用意したり，板書を上手に使ったりする。

　初日の先生の自己紹介の内容は決まっているでしょうか。

　ダイアモンドウィークの忙しさに紛れて，準備不足で生徒の前に立ち，「何を話したらいいか，まだうまくまとまっていないのだけど」などと言うことはいただけません。早々に自己紹介をおしまいにして，「質問ある？」などという自己紹介は，これからの1年間に対する生徒の期待を初っ端から裏切るものです。

　初めての出会いを創る自己紹介です。礼儀としてもきちんと準備し，伝えたい内容を要領よく伝えたいものです。面倒でも原稿を書いたり，シナリオを作成するなど，しっかりと用意しましょう。

　なお，初日に限らず，学期初めの3日間では様々な指示や指導が行われます。段取りよく説明するためには，黒板のメモを工夫して伝える順番を考えるなど，生徒に分かりやすく伝わるような指示を準備したいものです。

　後にも述べますが，私は学年初めには，朝の学活開始までに教室の黒板に1日の流れを板書し，留意事項や特別な動き方をする場合の説明を図やイラストで付け加えるようにします。このような準備をすることで，慌ただしい学期初めの混乱を防ぎ，生徒も安心して担任の指示や指導に従える雰囲気を作ることができるのです。

　始業式の黒板には，お祝いのメッセージの横に「今日の1日の流れ」を分かりやすく示すことをお勧めします。

❾3日間の予定の確認と準備について

> ◆初日から3日間の予定を確認し，どの時間に何をするか案を立てておく。
> ◇初日，2日目に配付する学級通信を作成する。

　初日から3日目までは，入学式・始業式に始まって，初めての学活，学級組織づくり，健康診断，生徒会対面式など様々なことが目白押しになります。担任の先生が取りまとめて校内の担当の先生に伝えなければならない書類もたくさん発生し，学級の切り盛りに加えて多くの事務処理も抱えることになります。

　生徒指導などの突発的な事態に対応をするためにも，3日間の動きを確認し，何をいつまでに準備しておかなければならないか，明確にしておく必要があります。

　そうは言っても，何も大仰な指導計画を考える必要はありません。1日の流れに沿って，予定を作成し，何が必要であるかをメモするだけで構いません。ポイントは，「3日目まで見通せているか」です。明日のことだけ考えていると文字通り「泥縄式」の「自転車操業」になってしまいます。

　私がお勧めするのは，初日に配付する学級通信に加え，2日目に配付する学級通信をダイアモンドウィーク中に作成してしまうことです。初日の学級通信には2日目の予定や持ち物などが掲載されるでしょうし，2日目に配付する学級通信には3日目の予定や持ち物などが掲載されるはずです。つまり，初日，2日目に配付する学級通信ができた時点で，先生の頭の中には3日間の構想ができあがっていることになります。

　私の例を紹介します。初日に配付する1号，2号には「あいさつ」と「クラス名簿」そして「2日目の日程」が書かれています。2日目に配付する3号には「3日目の日程」が掲載されています。ここまでスケジューリングできていれば，突発的なことが起こったとしても，余裕を持って対応できます。

2日目スケジュール（初日配付）

★8時30分に遅刻確認，制服で着席のこと！★

1時間目　学活／机の確認，ロッカーの確認
　・笹先生の凝った自己紹介
　・教室の備品，学級のルール説明
2時間目　発育測定
　　（発育測定の待ち時間に作文）
3時間目　発育測定
4時間目　学活／給食について
　・給食の配膳，給食時間のきまり
5時間目　学活／皆さんの簡単な自己紹介
　・かんたんな自己紹介
　・自己紹介カードの作成
　・係の決定
6時間目　学活／清掃
　・係のポスター作成
　・清掃について

3日目スケジュール（2日目配付）

★8時30分に遅刻確認，制服で着席のこと！★

1時間目　進級写真撮影
　2年→1年→3年の順で，校庭で撮ります。雨天時は体育館。
2時間目　確認テスト
　小学校で習った漢字・計算の簡単な確認テストです。
3時間目　学活／学校見学ツアー！
　余った時間で個人目標を書きます。
4時間目　学年集会
　学年の先生の紹介など。体育館。
5時間目　授業（水曜日の5時間目の準備）
6時間目　学活／お楽しみの時間
　サブグラウンドを使って，クラスレクをします！　お楽しみに！

4. ダイアモンドウィークの心がけ

　ダイアモンドウィークは1年間の中でも最も忙しい1週間です。いかに大切な1週間であると言っても，始業式の前に先生が倒れてしまっては元も子もありません。

　「新担任の生徒の名前を順番通りに全部覚える」とか（私にはとてもできません），ネームシールを全部貼るなど（机といすには自分で貼らせれば十分です），優先順位の低いことに労力を割く必要はありません。

　特に初めての赴任や異動による新任校であったりすると，新しい管理職や職員との人間関係で緊張する場面も多くなります。こういう場面では，自分の限界を超えて無理をしてしまいがちになります。自分の気力体力と相談しながら，やりすぎに気を付けましょう。

　ダイアモンドウィークの準備にきりはありませんし，当然「完璧」もないことは知っておかなければなりません。ある程度のところまで頑張ったら，

「後はやってみての勝負」と切り替えることも大切です。どんなベテランの先生でも，このタイミングで完璧になることはあり得ません。不安に思って当然なのです。むしろ新学期特有の，その不安感を楽しむくらいの気持ちでいて下さい。

　ところで，経験の浅さ故の「思い込み」というものもあります。その「思い込み」によって，学級経営上の困難を招いてしまうことがあるのも事実です。例えば，若い先生は，「頭でっかち」に陥りがちです。頭の中では完成度が高い実践を思い描けるのですが，実際にやっていることは理想とはほど遠い，という「ちぐはぐ」な取り組みになってしまいます。ご自分がこのようなちぐはぐな実践者になっていないか，自己診断として次の項目をチェックしてみて下さい。

CHECK LIST!

その1	□生徒とわかり合える自信がある
その2	□「自分のやり方」を貫くことが大切だと思っている
その3	□体力に自信があり，倒れたりすることはないと思っている
その4	□先輩の先生にあまり質問をしない
その5	□周りの先生からアドバイスや注意を受けることが多い

　その1〜3にチェックが入った先生は少々自信過剰です。

　その1，その2については，次のように考えましょう。

　教師の仕事は，相手があっての仕事です。自分に自信を持ったり，信念を持つことは大切ですが，相手（生徒）がどのように感じているのか，何を考えているのかを理解する方がより大切なことです。どんなに立派な信念も，相手に通じなければ意味をなしません。相手を理解しようとする謙虚さや，相手に合わせる態度や姿勢がなくては，発揮できるはずの力も発揮できないと考えましょう。

　その3については，大変すばらしいことだと思います。けれども，人には万一のことがあることを思い出しておいた方がよいでしょう。周囲の先生を有効に支える側に回るためにも，支えられることのありがたさや価値を知る

必要があります。教師の仕事は生徒の学びを支える仕事ですから、一事が万事、「支える側」の仕事です。同僚に対しても謙虚な心と姿勢を持つよう、心がけましょう。

　とは言え、若いうちには体力に任せて思う存分仕事をすることも必要、とも述べておきたいと思います。私も20代には、なかなか厳しい会社勤めの中で仕事を覚えました。自分に負荷をかけることで、仕事を身体で覚えたり、自分の限界を知るということも、１つの仕事に通じるためには大切なことなのです。

　仕事と健康のバランスを保つことは難しいことだと思いますが、教師という職業において、あなたの身体はあなた１人の身体ではありません。生徒・保護者のことを忘れてはいけません。まずは健康優先、自分の体力や気力を損なわないようにして欲しいと思います。

　続けましょう。その４にチェックが入った先生は、遠慮しすぎです。自分で「分かっていること」でも質問してみましょう。自分の考えの正しさを確認できたり、違う発想で物事を見ることができるようになります。時には分かりきったことを先輩の先生にくどくどと繰り返されることもあるかもしれません。けれども、「繰り返し言われることが大切なこと」であり、参考になることも多いのです。

　その５にチェックが入った先生には２種類あります。よい意味でチェックが入った人は、他人のアドバイスや注意を素直に聞くことができる人です。時には傷付いたり、悔しい思いをすることもあると思いますが、必ず将来は自分の肥やしになっていきます。「自分に役に立つ部分だけでいいから生かす」という気持ちで、まずはしっかりアドバイスを聞きましょう。

　感心しないのは先輩の先生のアドバイスや注意に対して、言い訳をしたり、理屈を言う人です。若い先生の中にこういう方は案外多く、しかも自分では気付いていないことが多いので注意をした方がよいでしょう。年齢や経験に差はあっても、同じ立場の先生同士です。後輩の先生に対してであっても、アドバイスする時は気を遣うものです。せっかくの助言です。まずは素直に

耳を傾ける姿勢を持ちましょう。

　やや厳しいことも述べましたが，経験が浅く，「頭でっかち」であっても，周囲を巻き込んで物事を進める実行力があれば，それは掛け値なしで「教師の魅力」であることも事実です。周囲をよく見て，バランスのよい仕事を心がけながら，まずは経験をしっかり積む努力を行いたいものです。

　さあ，やるだけやったダイアモンドウィーク。いざ，黄金の3日間の始まりです。

POINT 2 黄金の３日間

CHECK LIST!
- □ 笑顔で生徒と接しているか
- □ 分かりやすく，先を読んだ指示ができているか
- □ 「空白の時間」を作っていないか
- □ 適度に息抜きの時間を設けているか
- □ 保護者を意識した指導ができているか

1. 黄金の３日間を正しくとらえる

まず，黄金の３日間について，次の項目で正しいものに○，正しくないと思うものに×を付けて下さい。

CHECK LIST!

その１（　）	自己紹介の工夫などで，「楽しい先生」と思わせることが大切である
その２（　）	担任の思いを伝え，理解させることが大切である
その３（　）	学級のルールを明確にし，徹底することが大切である
その４（　）	生徒も緊張しているので，息抜きする時間を設けることも大切である
その５（　）	保護者を意識した指導を心がけることが大切である

その１の答えは×です。

ある若い先生の話をしましょう。

年度初めの自己紹介の時に手品や冗談で楽しませ，レクでクラスを盛り上げていました。けれども，それから３日経ち，１週間が経つと，教室からはざわざわとした様子が感じ取られ，先生の大きな注意の声が聞こえてくるようになります。怒られている間はしーんとしていますが，すぐにざわざわと

おしゃべりが始まってしまいます。ゴールデンウィーク明けには，先生は浮かない顔をしてこんなことを言いました。「一生懸命やっているのに全然盛り上がらない」，「言うことを聞かない生徒が多い」…。
　テレビの芸人の物まねや，一時の楽しみで得られるものは短絡的で短期的な面白みでしかありません。学校は勉強をする場所であり，日常の生活の場です。「お楽しみ」だけで成立することはありません。先生がいたずらに一時的な楽しみを追求すると，生徒の感情に振り回されてしまい，結果として学級の経営が困難になってしまうことにもつながります。
　とは言え，生徒に期待を持たせたり，楽しませたりする工夫がすべて悪いということではありません。一時的なものだと了解した上で，生徒を楽しませたり，期待を持たせようと工夫を凝らすことは，若い先生の特権でもあることを付け加えておきたいと思います。
　続けます。その２とその３については○，と誤解している人が多いのではないでしょうか。答えは両方共×です。黄金の３日間は，しょせん「３日間」にしか過ぎません。担任の先生が自分の思いを伝えることは大切なことですが，生徒からすれば「会ったばかり」である担任の先生の「思い」を100％受け入れて理解する，なんていうことはちょっと無理な話です。また，クラスの実態を正確に把握できていない段階で提示したルールをきっちり守らせる，ということも無理のある話です。せいぜい３日間ならできるかも知れませんが，それ以上続けることは難しくなるでしょう。これでは何のために３日間先生が頑張ったのか，意味がありません。
　もちろん，最初の３日間に先生は共同生活の原則的なルールを示す必要があります。ただし，先生のルールが絶対に正しいというわけではありません。ルールにも幅を持たせ，生徒が考えたり提案できるような余地を残すことで，納得して生活できるように配慮する必要があります。あくまで「学級づくりは１年をかけて」が基本です。
　その４，その５は少し意外に感じられるかも知れませんが，両方共○です。その理由については，これからのお話の中で具体的に説明していきたいと思

POINT 2 黄金の3日間

CHECK LIST!

□ 笑顔で生徒と接しているか
□ 分かりやすく，先を読んだ指示ができているか
□ 「空白の時間」を作っていないか
□ 適度に息抜きの時間を設けているか
□ 保護者を意識した指導ができているか

1. 黄金の3日間を正しくとらえる

まず，黄金の3日間について，次の項目で正しいものに○，正しくないと思うものに×を付けて下さい。

CHECK LIST!

その1（　）	自己紹介の工夫などで，「楽しい先生」と思わせることが大切である
その2（　）	担任の思いを伝え，理解させることが大切である
その3（　）	学級のルールを明確にし，徹底することが大切である
その4（　）	生徒も緊張しているので，息抜きする時間を設けることも大切である
その5（　）	保護者を意識した指導を心がけることが大切である

　その1の答えは×です。
　ある若い先生の話をしましょう。
　年度初めの自己紹介の時に手品や冗談で楽しませ，レクでクラスを盛り上げていました。けれども，それから3日経ち，1週間が経つと，教室からはざわざわとした様子が感じ取られ，先生の大きな注意の声が聞こえてくるようになります。怒られている間はしーんとしていますが，すぐにざわざわと

おしゃべりが始まってしまいます。ゴールデンウィーク明けには，先生は浮かない顔をしてこんなことを言いました。「一生懸命やっているのに全然盛り上がらない」，「言うことを聞かない生徒が多い」…。

　テレビの芸人の物まねや，一時の楽しみで得られるものは短絡的で短期的な面白みでしかありません。学校は勉強をする場所であり，日常の生活の場です。「お楽しみ」だけで成立することはありません。先生がいたずらに一時的な楽しみを追求すると，生徒の感情に振り回されてしまい，結果として学級の経営が困難になってしまうことにもつながります。

　とは言え，生徒に期待を持たせたり，楽しませたりする工夫がすべて悪いということではありません。一時的なものだと了解した上で，生徒を楽しませたり，期待を持たせようと工夫を凝らすことは，若い先生の特権でもあることを付け加えておきたいと思います。

　続けます。その2とその3については〇，と誤解している人が多いのではないでしょうか。答えは両方共×です。黄金の3日間は，しょせん「3日間」にしか過ぎません。担任の先生が自分の思いを伝えることは大切なことですが，生徒からすれば「会ったばかり」である担任の先生の「思い」を100％受け入れて理解する，なんていうことはちょっと無理な話です。また，クラスの実態を正確に把握できていない段階で提示したルールをきっちり守らせる，ということも無理のある話です。せいぜい3日間ならできるかも知れませんが，それ以上続けることは難しくなるでしょう。これでは何のために3日間先生が頑張ったのか，意味がありません。

　もちろん，最初の3日間に先生は共同生活の原則的なルールを示す必要があります。ただし，先生のルールが絶対に正しいというわけではありません。ルールにも幅を持たせ，生徒が考えたり提案できるような余地を残すことで，納得して生活できるように配慮する必要があります。あくまで「学級づくりは1年をかけて」が基本です。

　その4，その5は少し意外に感じられるかも知れませんが，両方共〇です。その理由については，これからのお話の中で具体的に説明していきたいと思

います。

2. 黄金の３日間を支えるもの

　黄金の３日間を支えるものは何でしょうか。生徒を引き付けるテクニックでしょうか。それとも大過なく過ごすための，あるいは失敗しないための知恵でしょうか。
　その前にぜひ大事にして欲しいと思うことは，気力を含めた笑顔です。
　Ａ先生の話をします。
　この先生は，まだ若く，教職経験も浅い先生でした。ただ，ガッツはありましたので，つまずくことがあってもへこたれずに頑張っていました。
　ある時，そのクラスの生徒と話をする機会がありました。

生徒：Ａ先生はダメですよ。
私　：どうして。頑張っているじゃない。
生徒：頑張っているけど，空回りっていうか。オレらのこと分かってないですよ。
私　：Ａ先生はまだ若いから，すんなりといかないことが多いかもしれないけど，理解しようと努力していると思うよ。
生徒：ま，なんていうか，笑顔だけは忘れない，みたいなところはあるかな。それは認めるけど。

後日この話をＡ先生に話したところ，大変喜んでくれました。

　笑顔が作れなかったら，だめだって自分に言い聞かせているんです。笑顔が自分のバロメーターだって。最近バロメーター下がり気味だったんですけど，今のお話を聞いて元気出ました！

　接客業に従事する方の中には，割り箸を口に挟んで笑顔の作り方の練習を

したり，鏡を使って魅力的な笑顔の作り方を研究したりする人もいるそうです。私は初任の頃にその話を聞いてから，通勤の車の中で，鏡を見ながら「安心感を与えられる笑顔」の練習をしたものです。今でも，教室に入る前に，(誰にも見られないように)にこっと笑顔を作ってからドアを開けるようにしています。(実際には「引きつった笑顔」のままのこともあると思いますが。)

　新しい環境で，身体を硬くし，苦しい思いをしている生徒もいます。そういう生徒にとって，先生の笑顔は大きな救いです。

　笑顔を作ろうと思って，笑顔が作れなかったら，それはよくないサインです。疲れすぎているか，神経質になりすぎているか，力が入りすぎているかのどれかです。思い切って仕事を休んだり，好きなことをして時間を過ごしたりして気分転換しましょう。そして，笑顔で教室のドアを開けて欲しいと思います

3. 分かりやすい指示ができているか

　黄金の3日間の真骨頂は「分かりやすい指示」ができるかにかかってきます。この3日間は生徒への指示が非常にたくさんあります。先生の伝え方がうまくいかないと生徒は混乱しますし，担任の先生に対する不信感を持たせかねません。

　では，先を読んだ分かりやすい指示はどのようにしたらできるのでしょうか。3つポイントを挙げたいと思います。

❶ 伝える情報を自分で理解しているか

　案外できていないことがこれです。年度初めには生徒に伝えるべき情報が多く，先生自身が把握できていないことがあります。

　年度初めには大量のプリントが配付され，多くの提出物が提出されます。どの書類がいつまでに提出なのか，整理して把握できているでしょうか。特に，「自転車通学の人は提出」，「兄弟姉妹関係のない人は提出」など，提出

書類の条件をしっかり理解している必要があります。自信がないなら，リストを作ったりチェック表を作ったりして管理しましょう。

　あるいは，こんなこともあります。朝の打ち合わせで「『北校舎東側の廊下のガラスの破損』について何か知っている人は申し出ること」と生徒指導担当の先生から，連絡があったとします。先生自身がどこのことなのか分からないままに，そのままの言葉を伝えたなら，生徒は，先生がどこの何の話をしているのか分かりません。これでは伝える意味がありません。そればかりか，こういう伝え方を繰り返していると，「この先生の話は，聞いていても，聞いていなくてもよく分からない」ことを生徒に学習させてしまいます。これはよくありません。

　先生が情報の内容をきちんと理解しておくだけで，伝え方は大きく変わります。

　北校舎の東側に赤い色の消火栓があるのを知ってる？　あの消火栓のところのガラスが割れていたらしいのね。ほら，あそこの壁を越えて道路に出ると〇〇商店があるでしょ。ひょっとすると，誰かが悪さして，道路側から石か何かを投げたのかも知れない。このことについて，何か見たり聞いたりしたことがある人がいたら教えて下さいね。

　また，先生が「指示」の「理由」を理解している必要があります。

先生　　：3時間目が身体測定だから，2時間目が終わったら，靴下を脱いで半袖短パンになって体育館に行くこと。筆記用具を持って行くこと。
生徒A：先生！　何で筆記用具が必要なんですか。
先生　　：そりゃあ検査結果を記入するからでしょ。
生徒B：全員が持って行かなければならないんですか。去年は保健委員だけが持って行って記録していましたよ。

> 先生　：あ，そう言えばそうだったな。でも，えーっと，先生のプリントには皆が持って行くように書いてあるんだけどなぁ。なんでかな。じゃあ筆記用具は保健委員だけが持って行けばいいや。

　このクラスの生徒は，体育館で他の先生に叱られることになります。実は今年は待ち時間を減らすために検査箇所を増やし，保健委員の記入ではなく，各自での記入になったのでした…。
　「指示」をうまく伝えるためには，先生自身が情報を理解し，生徒の「なぜ」に答えられるようにしておく必要があるのです。

❷ 伝える情報が多すぎないか

　学校では，しばしば大量の情報を生徒に伝達したり指導したりすることが求められます。けれども私は，大人が理解できない量の情報を生徒に与えるべきではないと考えています。例えば，朝の学活で10件を超える連絡事項があるとします。朝の学活の短い時間にすべてを伝えて，生徒が全部を理解できるわけがありません。
　「ちゃんと言ったじゃない」，「しっかり聞いてないからだよ」。
　そんな酷なことを要求する方にこそ問題があると考えるべきでしょう。担任の仕事は単に「情報を流すこと」ではありません。伝えるべき情報を伝えて理解させ，自分たちで判断して行動できるようにすることです。
　ではそのためには，どのようにしたらよいでしょう。実はそれほど難しくはありません。細かくはp.74～77にも紹介してありますが，「いっぺんに伝えることが難し」ければ，「複数回に分けて伝え」ればよいのです。
　3時間目に学活など，担任の先生が扱える時間があるなら，朝の連絡はその時間までに必要な内容のみを伝えます。昼まで時間が取れないようであれば，その時間までに必要な情報に限って伝えます。つまり，情報を精選して与えていけばよいのです。もちろん先生が後ほど指示を伝達することを忘れないようにする必要はありますが，そのくらいの努力はしましょう。

誰にとっても分かりやすく情報を伝達することは，生徒が安心して生活できる環境を作るための大切な手立てです。

❸ 予定や指示を黒板で示すなどの工夫をしているか

誰にでも分かる情報の伝達方法として，黒板を利用することが最も簡便です。

黄金の３日間には朝学活の前に教室に行き，黒板に「おはようございます」の挨拶，当日の提出物，そして１日の流れを記入しましょう。朝学活が始まったら，この板書に基づいて，要領よく１日の動きと注意すべき点を説明していきます。この３日間は，イレギュラーな動きが多く，口頭で早口で伝えられただけでは，よほど優秀な生徒でなければついていけません。板書があることで，生徒は１日の動きを大まかに頭に入れ，先を読んで動くことができ，安心感を持って１日を過ごせるのです。「先生の説明，分かりやすい」。きっと多くの生徒が感謝し，信頼を寄せてくれるはずです。

これも後述しますが，私は黄金の３日間に限らず，１日の動きを口頭で伝えることが難しい日は，朝学活の前に黒板に１日の流れを記入しておきます。４月中は日課の１つです。１日の時間の流れに沿ってスケジュールを書くことが基本ですが，２時間連続で行われる〇〇練習，〇〇式の予定については内容も書き，練習や式の全体イメージが分かるようにします。これによって生徒は心構えや見通しを持つことができます。

避難訓練などの生徒の待機位置，自転車点検で自転車を置く場所などは校庭の図を描いて自分のクラスの割り当て位置を示します。「校庭のあの辺，鉄棒の前辺り」という説明に比べれば，はるかに分かりやすい説明ができます。

また，検査などで男女別や出席番号で動きが変わる場合の説明においても，この黒板を使った説明は大変便利です。

この説明は自分が男子と思う人だけが聞いてね。女子だと思う人は一

> 切理解しなくて構いません…。今度はさっきと逆になります。女子だけが聞き，男子は堂々と窓の外でも眺めていて下さい。
>
> 　出席番号1～20の人だけ目と耳をこちらに向けて下さい。それ以外の人は寝ていても構いません。今度は21番から40番の人だけが聞いて下さい。お待たせしました，それ以外の人は寝て下さい。

　こんな冗談も，黒板にしっかりと流れが示されているからこそ，言えるのです。

4．3日間の時間の使い方
❶ 空白の時間を作らない

　元小学校教諭である向山洋一氏の『向山洋一の授業の腕をあげる法則』（明治図書　1985）は小学校の先生向けの本ですが，中学校の指導でも大変有用な本です。30年近くを経てなお色あせない実践の数々は，今でも大変参考になりますので，一読をお勧めします。

　この本の中で「空白禁止の法則」という項目があります。授業中に課題を与え，個別で指導に当たっていると，課題を終えた子どもが「チョロチョロといたずらを始める。やがて大胆になり，教室が騒然とな」ります。向山氏はこれは「教師が悪い」と断じます。まったくその通りだと思いますが，「空白の時間

表1

1時間目	学活／机の確認，ロッカーの確認
	・笹先生の凝った自己紹介
	・教室の備品，学級のルール説明
2時間目	発育測定
	（発育測定の待ち時間に作文）
3時間目	発育測定
4時間目	学活／給食について
	・給食の配膳，給食時間のきまり
5時間目	学活／皆さんの簡単な自己紹介
	・かんたんな自己紹介
	・自己紹介カードの作成
	・係の決定
6時間目	学活／清掃
	・係のポスター作成
	・清掃について

を作らないこと」、これは「黄金の３日間」においてこそ重要です。

例を挙げましょう。

前ページで新入生の２日目のスケジュールを表１のように示しました。このスケジュールで、空白の時間ができる可能性が高いのはどの時間でしょうか。

１時間目は、作業や説明が中心ですから、問題はありません。

２，３時間目は、発育測定の裏で作文が予定されています。①この時間内に作文を書き終えてしまう生徒は少ないでしょうが、いないとは限りません。

４時間目は、給食についての大切な指導ですが、まるまる１時間が必要な内容ではありません。給食のコンテナ室に連れて行ったとしても、②時間が余る可能性があります。

５時間目は、③自己紹介カードを早く書き終えた生徒に「空白の時間」が生じる可能性があります。

６時間目は５時間目の活動の流れを引き継いでいるわけですが、「清掃について」の時間を、調整すれば「空白の時間」は生まれないでしょう。

さて、３つの「空白の時間」の可能性がありそうです。これに対してどのような手立てを用意すればよいでしょうか。

---

① ２，３時間目については「書き終えた人は、朝読書用の本を持ってきて読む」という指示をすることで「空白の時間」を作らずにすみます。ただ、そのためには、前日に「朝読書用の本を持ってくる」という連絡が必要になります。

② ４時間目に余りの時間が生まれたら、５時間目予定の自己紹介カードづくりを繰り上げてみてはどうでしょうか。

③ ５時間目は、「かんたんな自己紹介」の次に「係ぎめ」をしてしま

> い，その後「自己紹介カードづくり（の続き）」にすると，「空白の時間」がコントロールしやすくなります。一斉に終わりにできるものを先にし，取り組み時間に個人差の出る活動を後にして，休み時間に各自で調整できるようにするわけです。

「空白の時間」を作らないようにするためには，その場での臨機応変な判断が必要で，そのためには経験や場数が大切と言われるわけですが，私は計画段階で予想できることがほとんどではないかと思います。1日の流れを，生徒の姿でシミュレーションしながら，「空白の時間」を作らない手立てを準備していきましょう。

❷ 息抜きも大事

「空白の時間」を作らない，という話をしたすぐ後ですが，「息抜きの時間」は大事です。矛盾しているように思われるかも知れませんが，「空白の時間」と「息抜きの時間」は違います。

「空白の時間」は先生の指示の内容を終えてしまって，生徒が次にやるべきことに困る時間のことです。「先生の意図に反して生まれてしまう無駄な時間」と言ってもよいでしょう。

一方「息抜きの時間」は，過度な緊張が続いたり，予定に追われたりする中で，肩の力を抜いて時間を過ごすことになります。何も難しいことを考える必要はありません。生徒を誘って学校の近所を散歩してみてはどうでしょうか。川沿いなどがあれば，「春の野鳥観察」，「水辺の生物観察」，「マラソンコース下見」など，テーマはいくらでも用意できます。

校外に出ることが難しいようであれば，グラウンドで「鬼ごっこ」です。じゃんけんで一番負けた生徒と先生が「鬼」になって楽しみましょう。

校外に出ることが難しければ，教室の中でも「息抜き」はできます。

> 先生：さて，残りの30分で自己紹介カードを書いてもらいますが，カー

生徒：ドを書き終えた人は「息抜き」をしていて下さい。
生徒：「息抜き」って何するんですか。
先生：「息抜き」を知らないんですか！　例えば…ここに油性ペンがたくさんあるけど，これを何本積み上げられるかチャレンジするとか。
生徒：そんなことしていいんですか!?
先生：これまでの先生のクラスでの最高記録は６本です…（笑）。油性ペンで絵を描いてもいいし，笹文庫の本を読んでもいい。友達とおしゃべりしてもらっても構わない。もちろん，先生が自己紹介カードを壁に貼るのを手伝ってもらっても構わない。では，自己紹介カードから，どうぞ。

　とかく新学期は先生も生徒も気張るもの。緊張感の連続ではお互いに疲れてしまいます。このような「息抜きの時間」は緊張感を緩める役割を持っていると同時に，生徒間の関係づくりを促すきっかけにもなります。
　また，先生も少し肩の力を抜きながら，生徒の様子を観察しましょう。それまで見せていた表情とは違った顔を見せたり，友達を作ろうとする様子が見えたりするはずです。

5. 保護者を意識しているか

　現在，先生は非常に厳しい時代の中で仕事をしています。社会が先生を見つめる視線ははなはだ厳しく，保護者から批判的な見方をされることが多いことは大変残念です。あわせて，保護者の高まるニーズに学校が応えきれない現実があることも事実でしょう。
　私は，学校教育（特に義務教育）がサービスであるという考え方には賛同できませんし，生徒や保護者を顧客に見立て，教師をサービスの提供者であるかのように主張することにも与することはできません。そもそも教育が義務である以上（正確には子女に教育を受けさせる義務），サービスというフ

レームでとらえることはできないと考えているからです。

　このあたりの議論は別の機会に譲ることにしますが，そうは言っても，現在教師が現実的に目指さなければならないことは，教育者としてのアイデンティティーを失わずに，いかに保護者のニーズにも応えていくかということでしょう。裏返せば，教育者としての矜持を保ちつつ，保護者をしっかり意識しながら学級経営を行っていく必要があるということです。

　さて，学級経営の始まりは，保護者との関係の始まりでもあります。生徒との関係と同じように，初めの印象が大切です。保護者も新しい担任の先生がどんな先生であるか，とても気になっています。学級通信や配付物などを通して，すべての生徒がクラスの中で１年を通して成長することを心から願い，そのために努力していきたいという姿勢を伝えましょう。特に先生が「丁寧で親切」，「分かりやすい」，「相談しやすい」などの姿勢を見せてくれることは保護者にとって大変ありがたいことです。

　また，先生のこのような姿勢は生徒を通して家庭にも伝わります。そのことを意識して，生徒に語りかけましょう。

　このクラスはいいクラスだなぁ。いま，全員が先生の方を見て話を聞くことができています。人の話を真剣に聞く態度の根本には「よくなりたい」という心があります。別な言葉で言えば「向上心」です。向上心の高いクラスはどんどんいいクラスになります。今日，家に帰ったら「先生がこのクラスはいいクラスになる」って言っていたって，ぜひ話してみて下さい。

　新しいクラスになって２日経ちますが，皆さんのことを見ていて気付いたことを２つ言わせて下さい。１つは，提出物がとてもしっかり出ること。もう１つは掃除がしっかりできる子が多いこと。特に掃除は今まで先生が担任したクラスの中では，４月としては一番取り組みがいいと思う。提出物にしても，掃除にしても「家庭での教育がいい」んだね。

> 先生がお家の人についてほめてたって伝えて下さい。

　子どもが新しい1年に希望を持ったり，期待をふくらませることは保護者にとってもこの上なくうれしいことです。

　「担任の先生がね，うちのクラスはいいクラスになるって言ってた」，「うちのクラスの生徒は提出物とか掃除がいいから，家庭での教育がいいって言ってた」。生徒がそんなことをお家の人に話してくれたら，と願います。保護者は同じ学級の他の家庭のことも気になっています。担任のこんな一言に救われる保護者も少なくないでしょう。

　誤解のないように付け加えますが，教師が保護者を意識するのは，クレームを避けたり批判をかわすことが目的ではありません。保護者の安堵や喜びは，必ず生徒の生活や，学習に対する意欲や気持ちを高めることにつながります。このことこそが教師にとってのねらいであり，望ましい成果なのではないでしょうか。

POINT 3 給食指導

　給食指導は，清掃指導と並んで「学級経営のバロメーター」とも呼ばれるものです。その理由は，一言で言って「指導が難しいこと」にあります。

　授業であれば，「授業の型」があり，「座って聞く」，「プリントに答えを記入する」といった，一定の形が暗黙の内に先生，生徒に共有されています。

　一方で，給食は，「食事」というもともと家庭を基本とした私的な時間・空間に属するものを，公的な場である教室で行うものです。生徒が有している「食事」に関する生活背景はそれぞれ異なっています。それが教室で一斉に給食の時間に表出するために，指導が難しくなるのです。

　このような認識に立って，先生は「皆が楽しく食べるため」の空間づくりのためにどのような指導を行えばよいのでしょうか。

　給食の前，給食中，給食後の3つに分けてお話ししたいと思います。

1. 給食の前に

CHECK LIST!

- □給食当番表はシンプルで自分が使いやすいものになっているか
- □配膳の方法はスムーズなものになっているか
- □座席に着く時間が決まっているか
- □給食の座席は生徒が納得のいくように決めているか
- □いつ「いただきます」をするかが決まっているか

❶ 給食班，給食当番のローテーションや分担

　給食班，給食当番のローテーションは，なるべく分かりやすく，シンプルなものを選びましょう。何より，担任の先生自身が「使いやすい」と思えるものであることが大切です。

　私が使っている当番表を紹介しましょう。これは初めて担任をした年に考

案した当番表で，現在もずっと使っています。一度だけ，異動したての年に同じ学年の先生とやり方を揃えたことがありました。結果として私は給食の時間が憂鬱でなりませんでした。生徒は思うように動かず，私自身も当番表を読み取ることに時間がかかってしまい，毎日の給食準備がとても億劫なものになってしまったのでした。

　私の方法が絶対によいというわけではありませんが，この表は生徒にも「すごく分かりやすい」と好評でしたので，図入りで紹介します。名称は「笹式席連動型給食当番表」です。制作に少し手間がかかりますが，一度ラミネートしてしまえば，10年単位で使えます。これほど凝った制作物にしなくとも，原理が同じなら使える物になりますので，上手に制作してみて下さい。

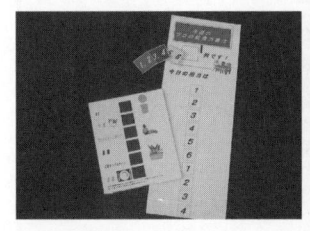

2枚を組み合わせて…　　　　　　　毎日1つずつ下にスライドします。

スライド盤の秘密。穴を空けた用紙をそのままラミネート！でシースルーウインドウができます。

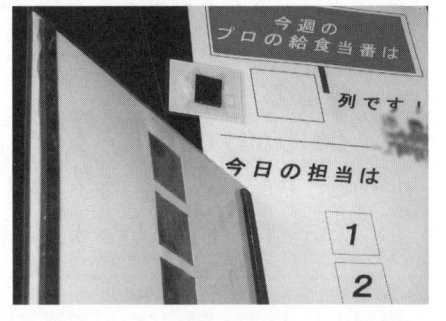

スライドの秘密。マグネットバーから取り外したマグネットです。もう1枚の裏にも同じものを取り付けます。

掲示の四角が座席の形と同じなので，その日の給食当番がどの列で，誰が何の当番であるのかが直感的に把握できます。

POINT 3　給食指導

❷ 配膳の方法と工夫

　さて，配膳の方法ですが，100人の先生がいれば100通り，とまではいきませんが，様々な方法があります。方法はどうあれ，自分が指導しやすいスムーズな流れを作りたいものです。

　給食が始まる前には，給食の配膳方法などについて，分かりやすく説明する必要があります。説明においては，「先生のやり方を押し付ける」ということではなく，「いろいろなやり方考え方があるけれど，混乱を避けるためにしばらくの間は「先生のやり方」でやってみよう。よい方法があったら，だんだんとみんなで取り入れていこう」という姿勢を示すことが大切です。

　さて，本当は皆さんにどのように給食を配膳したら全校で一番早く，そしてきれいに配膳ができるか，知恵を絞ってもらいたいところです。

　けれども，今日はそこまでの時間はありません。そこでこの時間は私が考え，毎年やっている方法を教えます。

　「去年とやり方が違う」，「今までの方がいい」という人もいるでしょうが，ちょっと我慢して下さい。昨年度のＡ先生式のよさもあれば，Ｂ先生式のよさもあります。でも，今その全部を出して話し合ってもらっていたら，給食は冷めるし，腹は減る。食べるのが明日になっちゃいます（笑）。

　そういうわけで，しばらくの間はこの形でやって下さい。直した方がいいことがあったら，教えて下さい。だんだん意見を出してもらって，いい方法を皆で考えていきましょう。

　配膳の具体的な方法について述べます。

　1つ目は食器などを「所定の位置」に並べることです。食器にはいろいろな形状がありますが，先生は「これはこれ」，「あれはそれ」とテキパキ指示をしていきましょう。

　2つ目は配膳方法です。給食当番が机に置いていく「配付式」と，各自が

トレイを持って給食当番の前を通って配膳する「カフェテリア式」があります。どちらを採るかは先生の好みの分かれるところでしょう。

　私は「配付式」を選んでいます。その理由の1つは，給食準備中に生徒に座席に座って待たせやすいためです。私が勤務してきた学校では，「4時間目が終わって，〇〇時（授業終了10分以内）には手を洗って着席していること」というルールがありました。（このようなルールがなかったとしても，座席に着く時間は決めておくべきでしょう。）立席している生徒の多いカフェテリア式では，着席を徹底することが難しいのです。

　私が「配付式」を選択するもう1つの理由は，給食当番の人数が何かの理由で足りない時など，人手が少ない時に他の生徒に協力をお願いしやすく，効率的だからです。

　私の勝手な印象ですが，せっかちな先生が「配付式」，きちんとやりたい先生が「カフェテリア式」を選ぶような気がしますが，どうでしょう。途中で方法を変えることは難しいですから，担任の先生にとって年度初めの大切な判断になります。学校の雰囲気や生徒の様子を見て，よい判断をして下さい。

❸ 給食時間中の座席

　給食時間中の座席は生徒の意見を取り入れながら，皆が納得できるように決めましょう。また，決めた方法は1年間変えることは難しいので，先生はしっかりと原案を持っている必要があります。

先生：先生は，たくさんの生徒の給食の様子を見てきました。私がつらいな，と思った給食のパターンは，次の2つのパターンでした。机が先生の方を向いたままで，シーンとして黙々と食べているクラス。これ，先生は絶対イヤなんですけど，皆はどう？(笑)
生徒：イヤだ。
先生：もう1つは立ったまま食べる。床に座って食べる。歩きながら食べる。ウチの子が幼稚園生の頃に毎日私に注意されていたことで

> すよ。こういうクラスは「好き勝手」に慣れちゃっているから，人のものを食べてしまったりする。先生の給食まで食べちゃう。これも先生は絶対にイヤですので，みんながやりたい！と言っても，ダメです（笑）。
> そういうわけで，このクラスでは，班の形で，必ず席に座って食べる，ということにしたいと思いますが，異議なしということで，いいですか。
>
> 生徒：いいでーす。
>
> 先生：1つ，付け加えさせてもらうけど，マナーの中でも一番大切なマナーについてです。班の座席を1人だけ離したり，他の班の人とくっつけたりするのは絶対に止めてもらいます。これは食事のマナー以前の，人としてのマナー違反ですから。必ず守ってもらいますので，覚悟して下さい。

　ちなみに，私が先に紹介した席連動型給食当番表のメリットには，給食準備中に着席させやすい点もあります。だれが給食当番なのかが直感的に分かるので，それ以外の生徒がうろうろしたりしているのを注意しやすくなるのです。

❹「いただきます」のタイミング

　4時間目の終業時間から10～15分以内に手洗いをして着席，20分以内に配膳終了で「いただきます」ということが，中学生の給食準備の目安でしょう。

　担任の先生は，いつ，どのように「いただきます」をさせるか，決めておく必要があります。ポイントは，日直の「いただきます」という号令の前に「『いただきます』をしていいですか」と担任の先生に確認をさせることです。生徒の判断で始めさせてしまうと，やり直しになったり，食べ始めがバラバラになってしまったりします。これはよくありません。

　私は次の3つを「いただきます」の条件にしています。

> その1　全員が席を給食バージョンに移動し，静かに着席していること。
> その2　給食当番が給食着を脱いで着席していること。
> その3　日直が給食台の整頓を終えていること。

　その1，2はともかく，その3については解説が必要でしょう。

　配膳作業をすると，給食台の上が汚れたり，かごや余りの食器が乱れていたりします。そのまま「いただきます」をすると，おかわりでさらに汚れて給食終了時には大変なことになってしまいます。

　私は食器を整理したり（並び順を揃える，ふたを閉めるなど），落ちた食べ物を片付けたり，給食ゴミを入れるゴミ袋を用意したりする作業を日直の仕事にしています。「おかわりしやすいようにきれいにしようね」というのが私のセリフです。ちょうど，給食当番が着替えて着席する間に作業は終わるので，間もよくなります。

　この3つができたら，日直が担任に「『いただきます』をしていいですか」と聞くように伝えています。もちろん，答えは「はい，どうぞ」です。

2. 給食時間中に

CHECK LIST!

☐ おかわりのルールは決まっているか
☐ 食事中の出歩きについてルールは決まっているか
☐ 読書や勉強など，必要となりそうな約束ごとを把握しているか
☐ 下膳のルールは決まっているか

❶ おかわりルール

　私はおかわりをたくさんするクラスが好きです。競っておかわりをするクラスは，行事でも，授業でも元気なことが多いからです。ところで，おかわりは担任がしっかり気を配らなければならない場面でもあります。「教室の正義」が試される場であるからです。

　おかわりのルールは必要です。先生がおかわりルールを決めず，生徒がそ

の時その時で決めているようなことは絶対避けなければなりません。力の強い生徒が幅を利かせ，「教室の正義」が負けてしまいます。とは言っても，ルールは食事を楽しむための必要最低限のルールにしたいものです。

そこで，私が生徒にお願いしている「おかわりルール」は次のようなものになります。

先生　：給食のおかわりについて，先生からお願いが3つあります。先生の機嫌が悪い時はおかわり禁止，とか，学年行事で1位じゃなかったらおかわり禁止…なんて無茶は言いませんので安心して下さい。

生徒　：（笑）

先生　：1つ目は，「おかわりは食べ終わってから」。まだ食べ終わっていないのに，さらによそう人を何て呼ぶか知っていますか？

生徒　：がめつい。

先生　：正解。礼儀として「おかわりは食べ終わってから」でお願いします。

生徒A：先生！　量が少なかったらどうするんですか!?

先生　：どうしたらいいかねぇ。だって，量が少ないかどうか自分では分からないんじゃない？　どうしたらいいと思う？

生徒B：とっとと食べて，おかわりする（笑）。

先生　：私もそれが正解だと思うよ。2つ目。これは無条件にお願いします。つまり，「何でですか」って聞かないで欲しい。

生徒　：何でですか？（笑）

先生　：「礼儀だから」としか答えようがないから。なーに，簡単なことです。おかわりする時に「おかわりしていいですか」って，先生に聞いて下さい。「ダメ」って言わないから。

　3つ目に入ります。「おかわりの量は常識の範囲で」。「常識の範囲」って何だと思う？

```
生徒C：あんまり多すぎない…。
生徒D：次の人のことを考える。
生徒E：残りの量を考える…。
先生　：皆の方がよく分かっているみたいだね！　私は欲しかったら職
　　　　員室から持ってくるから大丈夫だけど！
生徒　：ひどーい！
```

　私の考えの根底にあるものは，先生の注意を含めて食べ物のことでもめないようにお互い注意をしよう，ということです。

　3回目のおかわりをしようとした子に，他の子が言います。「おまえ3回目じゃないのかよ，他の人のことも考えろよ」（3回目のおかわりはルール違反だ，ということではなく）。

　デザートを一番先に食べてしまって，おかわりをしようとした子に，別の子が言います。「デザートは最後に食べるものなんだよ。先に食べておかわりするのはずるいよ」（ルール違反だ，ということではなく）。

　2回目のおかわりを常識を外れたような山盛りにした生徒に，後ろで並んでいた生徒が言います。「おまえ，信じらんない。恥ずかしいじゃないか，それ」（しつこいですが，ルール違反だということではなく）。

　こんなふうにして，「皆が楽しく食べられる給食の時間」というものができてくるように思います。裏返せば，先生がいちいち注意するまでもなく，自分たちで適切に判断し，行動できる力が育ってくるのです。

❷ 食事中の出歩き・立ち歩き

　食事中の出歩きを防ぐことは簡単で，次のように言えば，だらだらとおかわりをすることもなくなり，一石二鳥です。

```
先生：（1時の「いただきます」から15分後の）1時15分までは，常識
　　　的に落ち着いて食べる時間だと思いますので，食べ終わった人も
```

> 立ち歩きせず，席に着いていて下さい。1時15分になったら，先生が「おかわり終了，片付け開始」と言いますから，それから片付けを始めて下さい。ちなみに，先生がいない時には，日直さんが「おかわり終了，片付け開始」って言って下さい。誰にでも号令の可能性がありますので，練習します。リピートアフターミー。おかわり終了，片付け開始。
> 生徒：おかわり終了，片付け開始（笑）。
> 先生：1時20分には「ごちそうさま」をしますので，あんまりのんびり食べていると，皆に見つめられたまま給食を食べることになるので，要注意です！

　箸を落として洗いに行く場合，トイレに行く場合など，給食時間中に生徒が教室を出る時の指導も大切です。「箸を洗っていいですか」，「トイレに行っていいですか」など先生に確認させましょう。他のクラスの生徒とのトラブルを未然に防止したり，問題行動を防ぐための有効な手段になります。

❸ 給食時間中に必要となりそうな約束ごとをどうするか

　食事を済ませた生徒が読書や勉強をすることについてはどうでしょう。案外見過ごされますが，後で問題にする生徒が出てきたりします。これは生徒自身に考えさせ，決めさせることに好適です。

> 先生　：他に，給食時間中に気を付けた方がいいことがありますか。あるいは，こうした方がいいんじゃない，という意見を持っている人がいたら，教えて下さい。先生もうっかりして忘れていることがあるかも知れないから。
> 生徒A：読書していいですか。
> 先生　：「食事が終わったら読書していいかどうか」ということかな。食事中の読書はマナー違反ですが，食事が終わって読書したり，

| 　　　　勉強したりしたい人もいるでしょうね。皆さんはどう思いますか。皆さんで決定して下さい。先生もそれに従います。
| 生徒B：別にいいんじゃない？
| 生徒C：食べながら読むのはよくないけど，食べ終わってから読むならいいと思います。
| 先生　：他に意見はなさそうだね。Cさんの意見を採用していいですか。

❹ 下膳のルール

　下膳について，担任としてどのようなことに注意すべきなのでしょうか。基本的には常識的なルールで十分でしょう。きちんと並ぶ，こぼしたものは拭く，などです。加えて食器を投げないことと，他の生徒に片付けさせることの是非については指導しておいた方がよいでしょう。

| 先生　：下膳についてですが，これについては私の方からくどくど言うような必要はないと思います。皆さんの中からどういうことに気を付けたらいいか，教えて下さい。
| 生徒A：行儀よく片付ける。
| 先生　：行儀よくっていうのは，どういうこと？
| 生徒A：ちゃんと並んで。
| 先生　：なるほど，そうだよね。ちゃんと並んで片付ける。他には？
| 生徒B：こぼしたら拭く。
| 先生　：これも当然だ。先生のクラスには，このように壁にトイレットペーパーが設置されています。なぜ？　ハイ，その答えは給食の粗相を片付ける時に便利だからですね。先生の私物なので，大事に使って下さい。
| 　　　　さて，この他にも，先生から２つお願い。
| 　　　　１つ目は食器の片付け方で，とても嫌なもの。ちょっと遠くか

> らこんなふうに（真似をして）放り投げる人がいる。このクラスにはいないと思いますけど，とてもよくないと思いますので，あらかじめ伝えておきますね。
> もう1つは食器を他の人に片付けさせること。ただし，同じ給食席の班の人で，同じ食器を重ねて片付けやすくする，なんていうのはいいことだと思いますので，こういう場合は除きます。

　給食の汚れをトイレットペーパーで処理することには，賛否があるでしょう。私は問題なしと判断しています。もちろん給食台用のぞうきんは用意し，給食時間の前後には日直に拭かせますが，配膳中にこぼしてしまったものの処理については，トイレットペーパーを使ってよいことにしています。

　トイレットペーパーのホルダーは配膳場所の近くに設置し，給食の時間以外は使わないようにします。予備用のトイレットペーパーは教室のロッカーに保管し，必要に応じて補充します。先生によって考え方に違いががあるのは承知していますので，教室利用のトイレットペーパーは自費で購入します。それが私なりの「けじめ」です。

3. 給食時間を終えて

CHECK LIST!
- □ いつ，どのように「ごちそうさま」をするかが決まっているか
- □ 食器がすべて教室を出るまで担任は教室にいるか
- □ 生徒に準備や片付けを任せる機会を作っているか

❶ いつ「ごちそうさま」をするか

　先に述べた通り，私は日直に「ごちそうさま」の号令前に，「ごちそうさまをしていいですか？」と尋ねさせています。私が「どうぞ」と答えるポイントは3つあります。

> その1　全員が下膳して席に戻っていること。
> その2　日直が給食当番が運びやすいように給食台の上を整えること。
> その3　静かになっていること。

その1については特に説明は必要ないでしょう。

その2は、給食の食器類のふたを閉め、重ねられるかごを重ねて給食当番が持っていきやすい状態を作ることです。これができていると、給食当番の食器片付けが非常にスムーズになり、片付け指導もしやすくなります。

その3は、けじめを付けるためにとても大切です。それほど難しいことではありません。早く昼休みにしたい生徒が「早く席に着けよ」、「しずかにしろよ、うるさいよ」などと、日直を援護してくれます。

この3つのことができたら、日直は私に「ごちそうさまをしていいですか」と聞くことができます。もちろん私の答えは「どうぞ！」。余計なことは一切言わないように心がけています。

❷ 担任は片付け終わるまでじっとガマン

しばしば言われることですが、担任の先生は、「ごちそうさま」で給食当番と一緒に教室を出てはイケマセン。給食当番がすべての食器を持って教室を出て、日直が給食台を拭き、台を片付け終わるまで教室で待つことが担任の仕事です。

午後の授業で、教壇近くに残飯が落ちていたり、教室に給食のゴミが散らかっていることは大変残念なことです。こういう状態を続けていると、クラスの生徒の授業に対する集中力が散漫になったり、周囲の友達のことを思いやれない生徒が増えます。担任としても午後のきれいな教室環境に気を配りたいものです。日直が給食台を片付けている間に、先生が教室を見回ったり、ゴミを片付けたりしてはどうでしょうか。もちろん、そんな先生の様子を見ていた生徒が手伝うようになってくれれば、それに越したことはありませんが。

❸ 自分たちで片付けができる状態になっているか

「ウチのクラスは片付けは完璧です」と，胸を張って他の先生に言えるようになりたいものです。そのためには，これまで述べてきた取り組みを最低でも日直が一巡するまで続ける必要があります。

ところで，給食の準備や片付けの時には，常に担任の先生がついていてあげられるわけではありません。生徒の突発的なけがや病気などの対応もありますし，職員の緊急な打ち合わせが入ったりもします。

そういう事態に備え，時には生徒に任せ，どこまでできるか確認する機会を持ってみたらどうでしょう。5時間目が自分の授業である時や，教室移動の授業で自分の空き時間になる時は，思い切って生徒に任せてみるのです。「生徒に任せる時間を作る」ことで自分の指導がどこまで行き届いているか，あるいは過保護に生徒の面倒を見すぎていないか，確認することができます。

> 今日は，用事があって，先生は「ごちそうさま」と同時に職員室に行かなければなりません。給食当番，日直さんはいつもと同じように仕事をして，5校時もきれいな教室で授業を始めたいと思います。皆さんにお願いして大丈夫ですか。では，よろしくね。

よくできていたら，帰りの学活で「先生がいなかったのに，とてもきれいにしてくれてありがとう。皆を信じてよかった」と大いにほめてあげましょう。

でも，大抵の場合は「やっぱり担任がいないとダメだな」と嘆息をつくことになるでしょう。けれども，熱意をもって指導をしていた成果は必ずどこかに反映されているはずです。諦めず，生徒を信じて指導を繰り返すしかありません。しつこいようですが，学級経営は1年をかけて，子どもの力を伸ばし，社会の中で判断したり行動したりする力を身につけさせるものなのですから。

4. 給食指導のエトセトラ

◆おかずのやりとり

　皆さんは，おかずのやりとりはどのように管理しているでしょうか。数ものなどは，一度バットなどに戻させるなど，「おかずのやりとりは禁止」としている先生もいるのではないかと思います。

　自分を振り返ってみると，私は（多分）皆さんと同じく給食が好きな生徒の1人でした。人気メニューは自分の分だけでは我慢できず，他の子に譲ってもらおうと策略したものです。「きなこ揚げパン」という，人気のパンが出た時などは，日頃はきつく当たっているクラスの子に，朝から妙に優しくなり，ひとかけらでも多く譲ってもらうことに心を砕きました。

　教師として，生徒の前に立って，こんなふうに考えたり，感じています。

> 　人のものを勝手に食べるのはよくない，脅してデザートを取り上げるのは許せない，納豆を5個も6個ももらって食べている子がいるのは楽しい，デザートが欲しいがために必死で女の子に交渉している男の子が楽しい…。

　食事は，リラックスして楽しく食べたい，ということが私の願いです。もちろん「給食指導」ですから，一定のマナーやルールを守って給食時間を過ごさせることは教師の役割です。けれども様々な家庭を基盤として育った子どもたちには，「食事の楽しみ方」についてある程度の幅があるものです。私はそれを，寛容に受け止めたいのです。

　もちろん，次のように付け加えることは忘れません。

> 　食べもののことでけんかになったり，トラブルになるのは，人としてとてもみっともないことだから，そんなことになったら「やりとり禁止，先生が管理」とさせてもらいますので，覚悟しておいて下さい。

◆数モノの残りは

　欠席があったり，苦手な生徒が戻した数モノの残り（私は甘いものが苦手なので，デザートは毎度提供することになります）については，公平にじゃんけんで決めています。希望多数の場合は手を挙げさせて，私とじゃんけんで数名に絞り込んでから，相互じゃんけんにします。私にとっても，生徒にとっても楽しい時間です。

◆給食の残しについて

　これも昔話ですが，私は小学校の時，給食でずいぶんと苦労しました。酸っぱいものが苦手だったからです。酢豚などがメニュー表に掲載された時などは，1週間も前から憂鬱でした。担任の先生による「半分以上は食べる」というルールがあり，吐きながら食べている友達を見て恐怖におびえていたものでした。

　飽食の時代と言われて久しい現在，食べ物を大事にすることを学ぶことは大切です。あるいは，食育に注目が集まっているように，自分自身で食事をバランスよく食べる力を身につけさせることも大切なことです。ただ，「頭では分かっていても…」というものが子どもの現実です。

　「一口だけでも食べる努力をしましょう」とか，「『ごめんなさい』という気持ちで残飯入れに入れましょう」という指導は必要ですが，過度に完食を求める指導までは必要ないと思います。「頭で分かっている」ことだって，大事なことではありませんか。そんなふうに考えましょう。

　私はと言えば，苦手だった酢豚や酢の物は高校生の頃から好きになり，中学校時代に口にさえできなかった長ネギは，20歳を過ぎてから好んで食べるようにもなりました。皆さんもご自身を振り返ってそんな経験の1つや2つはあるのではないでしょうか…。

◆給食を食べながら

　配膳を終え，「いただきます」をして，ほっと一息する間もなく，短時間

で食べ終えて，生活記録をチェック。そんな先生も多いでしょう。

　ご自身で食べている時間，生活記録をチェックしている時間。忙しいことは分かりますが，生徒の様子から目を離しては「給食指導」の意味がありません。

　先に述べたように，給食時間は私的な時間・空間である「食事」の時間を背景にしています。それらは食事の姿勢や食事中のマナーなど，いろいろな形で教室の中に現れてきます。そのすべてをチェックし，指導する必要はありません。けれども，立って食べたり，立ち歩いたりすることはもちろん，パンのくずを丸めて友達に投げたり，友達の給食にいたずらをするような行為を見落としてはいけません。

　先生は給食を口に運びながらも，生活記録をチェックしながらも，生徒の会話に聞き耳を立てたり，様子に気を配る習慣を持つようにしましょう。

POINT 4 清掃指導

CHECK LIST!

- □ 掃除の大切さについて，折に触れて話をしているか
- □ よい掃除の仕方を具体的に示しているか
- □ よい掃除ができる生徒を皆の前でほめているか
- □ 清掃用具の数が揃い，整理して保管できるようになっているか
- □ 掃除が「身体に染み付く」まで粘り強く指導しているか

1. 掃除の大切さについて繰り返し話して聞かせること

　清掃時間の指導は，ついつい「あれやって，これやって」，「そんなことしてちゃだめ，ちゃんとやって」という指示が多くなってしまいます。指示優先の指導です。それはそれで必要なものではありますが，「清掃の大切さ」そのものについても，折に触れ繰り返し話したいものです。

　私が担任として，常に自分に「しっかりやらなければ」と言い聞かせているものがあります。それは「清掃と合唱」です。初めて担任をして四苦八苦している私に，ある先輩の先生はこんなふうに話してくれました。

> 　中学生はね，「掃除と合唱」が一生懸命できれば合格なんだよ。勉強や部活は自分のためというのが基本。自分のことなんだから，勉強や部活を一生懸命やるのは当たり前。だけど，「掃除と合唱」は「他人のため」にすることだからこそ，価値がある。だから「掃除と合唱」がしっかりできれば，中学生として十分合格なんだよ。

　そんな先輩の先生の言葉を受けて，私は生徒に次のように話します。

> 　皆の中で，「歌を歌えない人」はいますか。いませんね。音痴だろう

が，調子っぱずれだろうが，「歌えない」っていう人はいません。だから，私は皆にしっかり合唱しなさいと自信を持って言うのです。

　全員に通知表の英語で5を取れ，なんて言いませんし，数学で100点取れ，とも言いません。あるいは100m走を13秒台で走れ，とも言いませんし，部活で賞状もらってこいとも言いません。

　「誰にでもできることではないから」です。努力して，できないこともあります。それは仕方のないことです。

　私も中学生時代に一生懸命勉強しましたが，英語で5をもらったことはありませんし，100m走なんかはクラスで最後の方でしたし，部活で賞状をもらったこともありません。努力しても，ダメだったんです。そういうことは人生にたくさんあります。

　でも，歌を歌えない人はいない。だから歌いなさい，と私は言う。掃除も同じです。ここに「掃除ができない人」がいますか。いませんね。だから掃除をしなさい，と私は言うのです。

　「努力すれば誰にでもできること」だから，私は自分のクラスの生徒には「掃除と合唱」をしっかりやって欲しいんです。学年，いや学校で一番「掃除と合唱」ができるクラスになりましょう。それはそのまま，「学校で一番のクラス」である証です。当たり前のことを当たり前にするだけです。負けるわけがありません。

あるいは，こんなふうにも話します。

　あなたは，中学生が「人のためにできること」って，どんなことがあると思いますか。

　多くの中学生が，このような質問を投げかけると，「お年寄りに席を譲る」，「困っている人がいたら助けてあげる」，「ボランティアする」，「お金を寄付する」などの回答をします。確かにお年寄りに席を譲ることも，困っている人がいたら助けてあげることも大切なことです。でも，

なかなかそういう機会は巡ってきません。
　しかも，清掃ボランティア，地域ボランティアは，大人に設定してもらった中で活動するのが精一杯かな。自分の欲しいものを我慢して寄付することも，偉いかもしれないけど，厳しいことを承知で言えば，自分で稼いだお金ではないですよね。
　中学生が純粋に「人のためにできること」というのは，実はとても限られたものなのです。でも，そのことを嘆く必要はありません。ちゃーんと，中学生が毎日「人のため」に汗水を垂らすことができることがあるんです。それが「清掃活動」です。
　中学生が掃除の時間に掃除しているのは，「皆」が使う教室，「皆」が使う廊下などです。「共有空間」ですよね。この「共有空間」を掃除するということは，自分以外の人たち，すなわち39／40なり，199／200なり，599／600の人のためにする行為であるわけです。
　中学生にとって，一番身近な「人のためにできること」は，間違いなく，清掃なのです。だから，私は自信を持って，信念を持って，皆さんに言います。
　「掃除をしっかりできる中学生になりましょう」。

　私は，先生が掃除の大切さについて語ることは，その先生の持つ教育に対する信念を語ることに近いと思っています。先生が信念を持って掃除の大切さについて語れるようになるということは，とても大きな意味のあることなのです。

2. 掃除のやり方を教えること
❶ 清掃用具の使い方を教える
　さて，「掃除は大切」という理屈や理想が分かったからと言って，実際に行動が伴うわけではないのが中学生です。「一生懸命掃除の大切さについて語っても，全然掃除の様子が変わらない」と肩を落とさないで下さい。「言

っても すぐには伝わらない」から中学生なのですから。

　ではどうしたらよいでしょうか。

　まず，「掃除のやり方」を教える必要があります。しばしば先生は「掃除くらいできて当たり前」とか，「ほうきの使い方も分からないの」などと思ってしまいますが，「当たり前」のことができないから子どもなのであり，「当然」を知らない（すぐ忘れる）から生徒なのです。ぜひ，分かりやすく，そして粘り強く「掃除のやり方」を教えましょう。

　ところで，読者の先生ご自身は，自信を持って，正しく生徒に清掃のやり方を教えることができますか。私は自分が教員になった時，清掃の仕方が完璧だったとはとても言えません。そんな私がまずしたことは，母にぞうきんの絞り方を尋ねたり，家庭科の教科書を引っ張り出して，清掃用具の使い方を確認することでした。

ほうきには掃く方向がある。逆に使うとすぐに傷む

ほうきは両手で持つことが基本

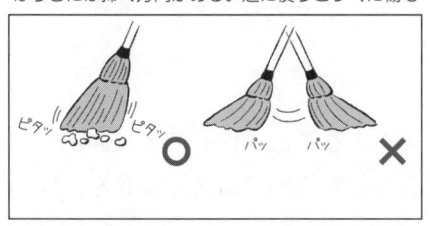

パッパッと掃かずに，ピタッピタッと止めて掃く

ちりとりは壁や段差を利用するとよい

　こんな基本的なことでも知らない生徒が多いのです。教壇の上で教えても分かりづらいので，机を教室の後ろに移動させ，先生を中心に円で囲ませて模範を示しましょう。何人かには実演させます。このようにすると，多少時

間はかかりますが，口や図で説明するよりもはるかに掃除の技能が上達します。

❷ 班編制，ローテーションの仕方

「掃除のやり方」とは少し話がずれますが，班の構成やローテーションなどについて触れておきましょう。

私はいわゆる「生活班」は作りません。班[*2]で動く必要性が生じた時は「清掃班」を基本とし，1年間変えません。そのため，清掃班の編制には時間をかけ，丁寧に行います。具体的には，出席番号を基本として，前から順番に班を作ってみたり，後ろから作ってみたり，1つ飛ばしで作ってみたりなど，様々なパターンを（説明できる理由をはっきりさせながら）作ります。班編制のポイントは男女のバランスや，生徒の性格，相性などです。

飛び込みの学年であれば持ち上げの先生に原案を見てもらって，班編制の妥当性を尋ねます。1年生であれば，引き継ぎ資料とにらめっこしながら，編成を繰り返します。

清掃班は原則として1年間変えませんが，その理由も含めて次のように伝えます。

> 先生：清掃班は1年間，組み替えしません。理由があります。清掃は何のためにするのでしょうか。
> 生徒：教室や校舎をきれいにすること。
> 先生：その通りです。掃除をしてきれいにすることが目的です。仲よくなったり，楽しく掃除したりすることが目的ではありません。掃

[*2] 生活班を作り，連帯して責任を負わせるなどの，いわゆる「班活動」を中心に据えた学級経営の取り組みは，現在，ほとんどの学校でかなり困難ではないかと思います。理由について私の考えを述べることは別の機会に譲りますが，班活動は学級経営の「中心に据える」のではなく，「周辺に添える」程度でとらえることがよいでしょう。

嫌いです。そんな生き方をしている人よりも,「勉強や運動ではなかなかうまくいかないけど,掃除は一生懸命やる」という生き方をしている人を尊敬しますし,世間の大多数はそういう人の味方です。

　掃除を一生懸命している人を,私は最大限に評価し,その人のためにできる限りのことをしてあげたいと思っています。応援しますので,頑張って下さい。

　もう1つの意味は,掃除が上手な生徒をほめ,そしてその理由を述べることで「どんな掃除の仕方が正しいのか」を他の生徒に教えることができるということです。

　先に述べた通り,掃除の仕方はやってみせ,やらせてみての繰り返しです。中学生は既に6年以上の学校生活によって,掃除の癖が付いてしまっています。それを一気に変えることは簡単なことではありません。

　模範となる生徒を示し,その生徒の取り組みを少しでも真似するようにしましょう。

　場合によっては学級通信でほめたり,表彰するなども効果的です。きちんと掃除をすることが当たり前のクラスでは,掃除をしないことの方が不自然になっていきます。そこまでいったら担任のすることがなくなってしまいますが,これこそ清掃活動のゴールではないでしょうか。

　以下は私の学級通信の原稿を紹介しましょう。

《〇組の掃除の取り組みについて》

　皆さんに繰り返し伝えている通り,〇組では「掃除と合唱」ナンバー1を目指しています。よりよく掃除ができるようになるために,掃除でよい取り組みをしている人を紹介します。

　マスタークラス（最高位）に名前が挙げられるのは,Aさん,Bさん,Cさん,Dくんの4人です。この4人のすぐれているところは次の4つです。

①掃除に取りかかる早さ

　素早く着替え，素早く移動し，素早く準備し，素早く始める。

②掃除の手際

　ぞうきんの洗い方，絞り方，拭き方，ほうきの掃き方（両手で持つ，「パッパッ」しない），ゴミの集め方が上手である。

③自分は何をすべきかが分かっていること

　掃除ができる人はあれこれ指示を出されたり，決まったやり方に従って掃除しません。何人もの人間が一緒に掃除をしている中で，自分は何をすべきなのかということが分かっています。1人で掃除している訳ではないのですから，掃除をしている人の中で「効率的に動く」必要があるのです。

④人の目の行き届かない部分が見える

　皆さんは，当然のように自分は目が見えていると思っていますが，物事の9割は見ようとしなければ見えないものです。汚れやゴミ，ほこりもまた同様。気付くようになるためには，日頃から意識して「掃除の目」を持つように努力することです。

　この4人に続く準マスタークラスとしてEさん，Fくん，Gくん，Hさん，Iさんの名前を挙げておきます。今名前を挙げなかった人でも，もう一息，という人が何人もいます。掃除をする際にはこれらマスター，準マスターの技をよく見て盗んで「掃除と合唱」ができる学校1のクラスにしましょう。

4. 清掃用具について

　よい掃除ができているクラスは，例外なく清掃ロッカーがよく整理されています。掃除にしっかり取り組むクラスづくりのためには，先生自身の目と手で清掃用具を点検整備する必要があります。ここでは3つの取り組みをお勧めします。

❶ 年度初めに先生自身が清掃用具の確認をすること

　ダイアモンドウィーク中に，教室や掃除分担箇所の清掃用具を確認しまし

ょう。用具の不備や破損状況を確認します。不足分については先生が補充し，破損しているものについては交換します。ほうきはフックに掛けないで下に置くと，あっと言う間に穂先が傷んでしまいます。ほうきを下げるためのヒモ付け程度は先生の手で済ませておきましょう。

❷ 清掃用具入れの整備

　ほうきやちりとりなど，清掃用具がきちんと保管できるようになっているか，確認しましょう。先生自身の手で整理し，保管の様子を写真で撮影し，ロッカーに貼るのもよい工夫です。ほうきを下げるフックの取り付け程度であるなら，女性の先生でもちょっと頑張ってみる価値があります。100円ショップに行けば，取り付け用具もセットになった商品が売られています。ぜひご自分でもトライしてみて下さい。

　もちろん，大きな破損に関しては，生徒の安全上の問題にも関わりますので，管理職に修理をお願いしましょう。

❸ 清掃用具の定期的な点検

　どの学校でも，清掃委員会の活動などで，生徒が自主的に清掃用具の点検整備をしていると思います。仕事の大切さと役割の重要性を自覚させ，仕事に取り組ませることは大切なことです。けれども，学級の掃除場所の清掃用具の管理責任は担任の先生であることを忘れてはいけません。委員任せにせず，折に触れてチェックし，必要な補修や補充をしましょう。

5. 清掃の習慣付けのために

　「清掃ができないクラス」の清掃を見ていると，次のようなことに気が付きます。

- ・一部の生徒しか掃除をしていない。
- ・時間通りに始まらず，時間通りに終わらない。
- ・掃除が終わった生徒が遊んでいる。

これらを防ぐためには，黄金の３日間に加え，新学期最初の１か月，あるいは１学期にわたる辛抱強い指導が必要になります。どれほど清掃の大切さを説き，分かりやすいシステムを準備し，掃除の仕方を教授したとしても「身体に染み込ませる」指導は不可欠です。どのようにしたら，「身体に染み込ませる」指導ができるのでしょうか。

　答えは簡単です。「年度の初めに，先生が掃除時間に丁寧すぎるほど手を出し，口を出す期間を持つこと」です。率先垂範でも構いませんが，先生は掃除をしながらも全体を見渡して，的確に動き方を指示する必要があります。さらに，動きの悪い生徒を注意し，気の付く生徒をほめるなど，個別に目を配りながら，全体にもハッパをかけることです。

　具体的に指導例を示してみましょう。私が若い先生に「笹イズムを体現する清掃指導」として伝えた内容です。

　６校時に授業のない場合は，教室の外で待ち，６校時の終業のチャイムと同時に教室に入り，大声を出します。（６校時に授業がある場合は，授業終了後すぐに担任クラスに直行します。）「さあ，授業の片付けして，すぐ机を動かして！　とっとと掃除をやって，ウチのクラスは一番早く部活に行くよ！」。

　掃除中はどんどん声を出し，生徒を動かしていきます。

　「最初はほうきさんが頑張る時間だよ。はい，ほうきが終わったところはどんどん拭いていくよ」。

　「ぞうきんは『隅っこ』が大事だよ，『隅っこ』まで手を抜かない」。

　「はい，そこの少年，腰が高い（笑）。掃除時間中はほうきもぞうきんも姿勢が低いのが正解」。

　「机を運ぶのはスピード勝負。移動は小走りの気持ちで。ただし転けないで（笑）」。

　「止まらない。静止しない。掃除時間は常に動いている時間。何もしていない人はいません」。

他の場所の掃除から帰ってきた生徒にはこう言います。
　「戻ってきたらどんどん教室掃除だよ。教室は皆が1日使う場所，全員が教室掃除当番です」。
　最後にハッパをかけます。
　「ぞうきん頑張って。隅をしっかり，あと1分30秒頑張るよ」。
　「ラスト30秒！」。
　「はい，終了。『ぞうきんを洗うのは机を運んだ後』です。全員で机を運びます」。
　「手の空いた人は，どんどん机をきれいに整列させて下さい。最後のいすが下りるまでが掃除時間だよ」。
　最後の椅子が下りたら，教室掃除担当班は反省会をして終了，班長に終了の報告をさせて終わります。

　短くとも1か月，長ければ1学期の間，このような指導が必要です。清掃指導には，気力・体力はもちろんですが，粘り強さこそ大切であることを押さえて下さい。私自身も，生徒が思うように動かず，いらいらすることもありますし，実態に合わせて指導方法の細部を変更しなければならなく，苦しく思うこともあります。そんな時に私が思い起こすことは，自分自身の生徒に対する願いです。

　　掃除をきちんとできる人になって欲しい。
　　人の嫌がることを，人のために我慢してできる人になって欲しい。

　粘り強い指導をするために，掃除をすることの大切さ，黙々と掃除をすることの価値を，先生自身が信念として持っていられるようにしたいものです。

POINT 5　朝・帰りの学活指導

CHECK LIST!

- □ 明るく元気に挨拶をして，朝学活を始めているか
- □ 遅刻の扱いを明確にし，適切に指導しているか
- □ 伝達事項と指導事項を分けて生徒に伝えているか
- □ 連絡事項は内容によって，優先順位を付けて伝えているか
- □ 帰りの学活は短時間で終わりにしているか

1. 朝の挨拶

　朝の学活では，明るく元気な挨拶で始めたいものです。「おはようございます」と大きな声で挨拶ができることは，それだけでクラスの誇りです。

　一方で，大きな声で挨拶ができないという悩みを抱えている担任の先生も多いでしょう。こういう場合，「大きい声で挨拶！」と繰り返しても，声が大きくなることはまずありません。朝から注意をしてお互い嫌な気持ちになるくらいなら，「大きな声ではないけど，姿勢よく挨拶ができるクラスだね」，「声は大きくないけど，よく通る声で挨拶ができるクラスだね」。そんなふうに上手にほめてあげたらどうでしょうか。

　「大きな声」にこだわるなら，こんな手もあります。私は時々，「今日は隣のクラスをびっくりさせてやろうか。すっごく大きい声で挨拶してみようよ」，「さっき校長先生が廊下の突き当たりにいらっしゃったから，校長先生に声が聞こえるような挨拶をしてみようか」などと変化球を投げてみます。案外喜んでやってくれますので，生徒の様子を見てチャレンジしてみて下さい。

2. 遅刻の扱いははっきりしているか

　私は遅刻が嫌いです。「ぎりぎり」になることも嫌いで，出張では予定時間より1時間も前に着いて駐車場で時間をつぶすことがよくあります。

> 除時間には，誰もが掃除をしっかりやれればいいのであって，仲よくするとか，楽しくするとかというのは清掃とは別の問題です。

　ローテーションについては「月ごと」とし，例外を作りません。長期休業や行事も一切関係なく，「月ごと」とします。

　以前，私は学年の方針で，掃除の分担箇所を１週間ローテーションにしたことがありました。しかし，１週間では，掃除の仕方や役割分担を身につけさせる時間が足りず，せっかく教えても次のローテーションまでに全部忘れてしまいます。毎日の掃除で大変な苦労をすることになってしまいました。生徒と人間関係を作れた２学期からは，「月ごとのローテーションに変更する」と，学年の先生と自分のクラスの生徒に宣言し，押し切って実行してました。これによって，どれほど清掃指導が楽になったことでしょう。

　「月ごと」を原則にして例外を作らないということは，もう１つの私の苦い経験によるものです。

　ちょうどその時，月の終わりに行事があり，その翌日から清掃当番はローテーションの予定でした。「先生，１日延ばしましょうよ」という生徒の声に，「おっ，ナイスな判断」と応じたことが間違いのもとでした。翌日には緊急の生徒集会が招集されて清掃時間短縮，その翌日には私の出張。結局，ローテーションできたのは１週間遅れになってしまいました。それだけでは済みません。その後，ローテーションの度に「先生，○○があるからローテーション延ばしましょう」と言う生徒が現れ（負担感の少ない掃除場所担当の生徒であることは言うまでもありません），「そんなのひどい。交代してよ」と言う生徒（負担感のある掃除場所の担当の生徒）とつばぜり合いを起こすようになりました。これはひとえに，「原則」を恣意的に曲げてしまった私の責任に他なりません。物事の筋を通すということは，大人の世界でも子どもの世界でも大切であることを再確認した出来事です。

　最後に私が使用している清掃に関する掲示物を紹介しましょう。トイレ掃除があるため，７班と小分けにし，分担表で組み合わせるように工夫したも

のです。清掃班では班長が決まったら，班長名にシールを貼るなどして分かりやすくする工夫をしてみて下さい。

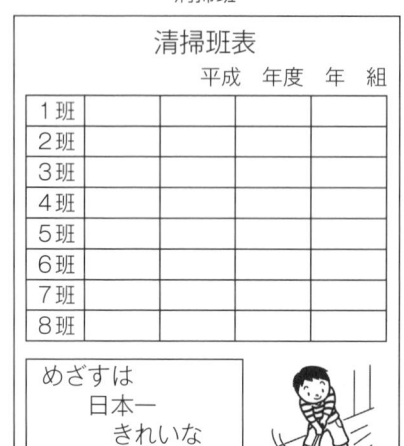

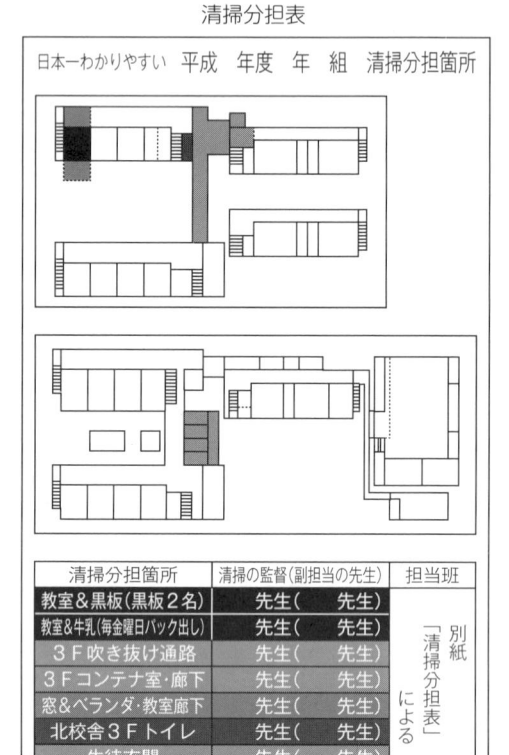

❸「掃除の終わり方」を教える

掃除時間に，教室の周囲でうろうろしている生徒がいます。こういう生徒

と担任の先生の会話はおおむね次のようになるでしょう。

> 先生：掃除はどうしたの，何やっているの。
> 生徒：終わりました。
> 先生：どこの掃除？　本当にちゃんとやったの。
> 生徒：音楽室です。ちゃんとやりましたよ。
> 先生：（いらいらしながら）それで，今ここで何してるの。
> 生徒：教室掃除していて教室に入れないから待ってるんです。
> 先生：廊下に立ってられると教室掃除の邪魔になるの！
> 生徒：じゃあどこで待ってればいいんですか。

　こういう不毛なやりとりはなるべく避けたいものです。「掃除の終わり方」を教えることで，このような労力を減らすことができます。
　掃除は班ごとに集合し，反省会をして終了させましょう。

> 　反省会は，班長さんを中心にこんなふうにして下さい。
> 　まず，1列に並んで，班長が前に立って反省会を始める言葉を言って下さい。セリフは簡単。
> 「反省会を始めます。きちんと掃除ができた人は手を挙げて下さい」。
> 　誰も手を挙げなかったら，班長は先生に報告して下さい。翌日にはその班にくっついて，びっちり清掃指導してあげるから（笑）。
> 　最後のセリフも簡単。
> 「掃除ご苦労様でした」。
> 　全員で教室に戻って，班長さんは担任に報告，他の人は教室掃除に加わって下さい。

　もっとしっかり反省会を，と思う先生もいるでしょうが，このくらいで十分です。すぐ教室に戻らせ，班長に終了の報告をさせましょう。

> 生徒：○班掃除，終わりました。
> 先生：ご苦労様でした。すぐに全員で教室掃除にかかって下さい。

　担任は，その班の生徒が掃除を終了して，教室に戻ってきたことが分かります。同時に戻ってきた生徒に，教室掃除をするよう指示を出せます。

　教室の最後のいすが机から下りるまで，全員で掃除をさせます。着席をしたり，窓際でおしゃべりに興じたりすることは禁止です。

　教室の最後のいすが下りたら，「はい，最後のいすが下りました。反省会をして終了，班長さんは終了の報告に来て下さい」と，教室掃除終了の指示をします。ちなみに，教室掃除担当班は反省会が終わったら，じゃんけんをして，一番負けの生徒がゴミ捨てに行くことが，私のクラスのルールです。

　「終わり方」を教えることは，「けじめ」を教えることになります。不毛な会話をして労力を使う必要もありません。ぜひ「終わり方」の指導を忘れないようにして下さい。

3. 掃除は生徒をほめるチャンス

　清掃活動は生徒をほめるチャンスです。その意味は２つあります。

　１つは勉強や運動，部活動などでなかなか活躍するチャンスのない生徒をほめる機会になることです。そのような生徒を清掃にしっかり取り組ませ，誠実さやまじめさをしっかり評価してあげることは，担任の大きな仕事です。

> 　掃除について，先生からアドバイスがあります。
> 　特に「自分は勉強が苦手だし，運動も得意ではない。部活動でもなかなか成績を残せていない」という人に，しっかり聞いて欲しいと思います。
> 　掃除をしっかり頑張って下さい。
> 　先生は，勉強や運動はできるけど，掃除は手を抜きます，という人は

他の場所の掃除から帰ってきた生徒にはこう言います。
「戻ってきたらどんどん教室掃除だよ。教室は皆が１日使う場所，全員が教室掃除当番です」。
　最後にハッパをかけます。
「ぞうきん頑張って。隅をしっかり，あと１分30秒頑張るよ」。
「ラスト30秒！」。
「はい，終了。『ぞうきんを洗うのは机を運んだ後』です。全員で机を運びます」。
「手の空いた人は，どんどん机をきれいに整列させて下さい。最後のいすが下りるまでが掃除時間だよ」。
　最後の椅子が下りたら，教室掃除担当班は反省会をして終了，班長に終了の報告をさせて終わります。

　短くとも１か月，長ければ１学期の間，このような指導が必要です。清掃指導には，気力・体力はもちろんですが，粘り強さこそ大切であることを押さえて下さい。私自身も，生徒が思うように動かず，いらいらすることもありますし，実態に合わせて指導方法の細部を変更しなければならなく，苦しく思うこともあります。そんな時に私が思い起こすことは，自分自身の生徒に対する願いです。

　掃除をきちんとできる人になって欲しい。
　人の嫌がることを，人のために我慢してできる人になって欲しい。

　粘り強い指導をするために，掃除をすることの大切さ，黙々と掃除をすることの価値を，先生自身が信念として持っていられるようにしたいものです。

POINT 5 朝・帰りの学活指導

CHECK LIST!

- □ 明るく元気に挨拶をして，朝学活を始めているか
- □ 遅刻の扱いを明確にし，適切に指導しているか
- □ 伝達事項と指導事項を分けて生徒に伝えているか
- □ 連絡事項は内容によって，優先順位を付けて伝えているか
- □ 帰りの学活は短時間で終わりにしているか

1. 朝の挨拶

　朝の学活では，明るく元気な挨拶で始めたいものです。「おはようございます」と大きな声で挨拶ができることは，それだけでクラスの誇りです。

　一方で，大きな声で挨拶ができないという悩みを抱えている担任の先生も多いでしょう。こういう場合，「大きい声で挨拶！」と繰り返しても，声が大きくなることはまずありません。朝から注意をしてお互い嫌な気持ちになるくらいなら，「大きな声ではないけど，姿勢よく挨拶ができるクラスだね」，「声は大きくないけど，よく通る声で挨拶ができるクラスだね」。そんなふうに上手にほめてあげたらどうでしょうか。

　「大きな声」にこだわるなら，こんな手もあります。私は時々，「今日は隣のクラスをびっくりさせてやろうか。すっごく大きい声で挨拶してみようよ」，「さっき校長先生が廊下の突き当たりにいらっしゃったから，校長先生に声が聞こえるような挨拶をしてみようか」などと変化球を投げてみます。案外喜んでやってくれますので，生徒の様子を見てチャレンジしてみて下さい。

2. 遅刻の扱いははっきりしているか

　私は遅刻が嫌いです。「ぎりぎり」になることも嫌いで，出張では予定時間より1時間も前に着いて駐車場で時間をつぶすことがよくあります。

> 嫌いです。そんな生き方をしている人よりも,「勉強や運動ではなかなかうまくいかないけど,掃除は一生懸命やる」という生き方をしている人を尊敬しますし,世間の大多数はそういう人の味方です。
>
> 　掃除を一生懸命している人を,私は最大限に評価し,その人のためにできる限りのことをしてあげたいと思っています。応援しますので,頑張って下さい。

　もう1つの意味は,掃除が上手な生徒をほめ,そしてその理由を述べることで「どんな掃除の仕方が正しいのか」を他の生徒に教えることができるということです。

　先に述べた通り,掃除の仕方はやってみせ,やらせてみての繰り返しです。中学生は既に6年以上の学校生活によって,掃除の癖が付いてしまっています。それを一気に変えることは簡単なことではありません。

　模範となる生徒を示し,その生徒の取り組みを少しでも真似するようにしましょう。

　場合によっては学級通信でほめたり,表彰するなども効果的です。きちんと掃除をすることが当たり前のクラスでは,掃除をしないことの方が不自然になっていきます。そこまでいったら担任のすることがなくなってしまいますが,これこそ清掃活動のゴールではないでしょうか。

　以下は私の学級通信の原稿を紹介しましょう。

> 《〇組の掃除の取り組みについて》
>
> 　皆さんに繰り返し伝えている通り,〇組では「掃除と合唱」ナンバー1を目指しています。よりよく掃除ができるようになるために,掃除でよい取り組みをしている人を紹介します。
>
> 　マスタークラス(最高位)に名前が挙げられるのは,Aさん,Bさん,Cさん,Dくんの4人です。この4人のすぐれているところは次の4つです。

①掃除に取りかかる早さ

　素早く着替え，素早く移動し，素早く準備し，素早く始める。

②掃除の手際

　ぞうきんの洗い方，絞り方，拭き方，ほうきの掃き方（両手で持つ，「パッパッ」しない），ゴミの集め方が上手である。

③自分は何をすべきかが分かっていること

　掃除ができる人はあれこれ指示を出されたり，決まったやり方に従って掃除しません。何人もの人間が一緒に掃除をしている中で，自分は何をすべきなのかということが分かっています。1人で掃除している訳ではないのですから，掃除をしている人の中で「効率的に動く」必要があるのです。

④人の目の行き届かない部分が見える

　皆さんは，当然のように自分は目が見えていると思っていますが，物事の9割は見ようとしなければ見えないものです。汚れやゴミ，ほこりもまた同様。気付くようになるためには，日頃から意識して「掃除の目」を持つように努力することです。

　この4人に続く準マスタークラスとしてEさん，Fくん，Gくん，Hさん，Iさんの名前を挙げておきます。今名前を挙げなかった人でも，もう一息，という人が何人もいます。掃除をする際にはこれらマスター，準マスターの技をよく見て盗んで「掃除と合唱」ができる学校1のクラスにしましょう。

4. 清掃用具について

　よい掃除ができているクラスは，例外なく清掃ロッカーがよく整理されています。掃除にしっかり取り組むクラスづくりのためには，先生自身の目と手で清掃用具を点検整備する必要があります。ここでは3つの取り組みをお勧めします。

❶ 年度初めに先生自身が清掃用具の確認をすること

　ダイアモンドウィーク中に，教室や掃除分担箇所の清掃用具を確認しまし

ょう。用具の不備や破損状況を確認します。不足分については先生が補充し，破損しているものについては交換します。ほうきはフックに掛けないで下に置くと，あっと言う間に穂先が傷んでしまいます。ほうきを下げるためのヒモ付け程度は先生の手で済ませておきましょう。

❷ 清掃用具入れの整備

　ほうきやちりとりなど，清掃用具がきちんと保管できるようになっているか，確認しましょう。先生自身の手で整理し，保管の様子を写真で撮影し，ロッカーに貼るのもよい工夫です。ほうきを下げるフックの取り付け程度であるなら，女性の先生でもちょっと頑張ってみる価値があります。100円ショップに行けば，取り付け用具もセットになった商品が売られています。ぜひご自分でもトライしてみて下さい。

　もちろん，大きな破損に関しては，生徒の安全上の問題にも関わりますので，管理職に修理をお願いしましょう。

❸ 清掃用具の定期的な点検

　どの学校でも，清掃委員会の活動などで，生徒が自主的に清掃用具の点検整備をしていると思います。仕事の大切さと役割の重要性を自覚させ，仕事に取り組ませることは大切なことです。けれども，学級の掃除場所の清掃用具の管理責任は担任の先生であることを忘れてはいけません。委員任せにせず，折に触れてチェックし，必要な補修や補充をしましょう。

5. 清掃の習慣付けのために

　「清掃ができないクラス」の清掃を見ていると，次のようなことに気が付きます。

- ・一部の生徒しか掃除をしていない。
- ・時間通りに始まらず，時間通りに終わらない。
- ・掃除が終わった生徒が遊んでいる。

これらを防ぐためには，黄金の３日間に加え，新学期最初の１か月，あるいは１学期にわたる辛抱強い指導が必要になります。どれほど清掃の大切さを説き，分かりやすいシステムを準備し，掃除の仕方を教授したとしても「身体に染み込ませる」指導は不可欠です。どのようにしたら，「身体に染み込ませる」指導ができるのでしょうか。

　答えは簡単です。「年度の初めに，先生が掃除時間に丁寧すぎるほど手を出し，口を出す期間を持つこと」です。率先垂範でも構いませんが，先生は掃除をしながらも全体を見渡して，的確に動き方を指示する必要があります。さらに，動きの悪い生徒を注意し，気の付く生徒をほめるなど，個別に目を配りながら，全体にもハッパをかけることです。

　具体的に指導例を示してみましょう。私が若い先生に「笹イズムを体現する清掃指導」として伝えた内容です。

　６校時に授業のない場合は，教室の外で待ち，６校時の終業のチャイムと同時に教室に入り，大声を出します。（６校時に授業がある場合は，授業終了後すぐに担任クラスに直行します。）「さあ，授業の片付けして，すぐ机を動かして！　とっとと掃除をやって，ウチのクラスは一番早く部活に行くよ！」。

　掃除中はどんどん声を出し，生徒を動かしていきます。

　「最初はほうきさんが頑張る時間だよ。はい，ほうきが終わったところはどんどん拭いていくよ」。

　「ぞうきんは『隅っこ』が大事だよ，『隅っこ』まで手を抜かない」。

　「はい，そこの少年，腰が高い（笑）。掃除時間中はほうきもぞうきんも姿勢が低いのが正解」。

　「机を運ぶのはスピード勝負。移動は小走りの気持ちで。ただし転けないで（笑）」。

　「止まらない。静止しない。掃除時間は常に動いている時間。何もしていない人はいません」。

こんな私が，担任をしていてさらに遅刻が嫌いになる出来事がありました。
　ある学校で勤務していた時のことです。学校全体での確認では「チャイムが鳴った時に席に着いていなければ遅刻」というものでした。Ａ子はいつもぎりぎりの生徒で，チャイムすれすれに教室に飛び込んでくることが幾度となくありました。私は厳格に遅刻をカウントし，個別指導もすることで，徐々に改善していきました。ところが，１年間経って，年度の最後にＡ子の母親からかかってきたのは次のような電話でした。
　「うちの子は，毎日Ｂ子さんと登校していて，同じ時間に教室に入っていました。でも，Ｂ子の遅刻はゼロで，うちの子はたくさん付いてしまいました。遅刻は悪いことなので，申し開きはできません。ただ，今後のために先生方でもご相談下さい」。
　私は平謝りに謝り，今後のことについて約束をしました。とは言っても，まだ若い時分のことですから，先輩の先生に「ちゃんと遅刻を取って下さいよ」とはさすがに言えません。けれども，遅刻の扱いをはっきりさせておくことは，全職員で確認すべきことです。翌年度当初の職員会議では勇気をふるって保護者の声を紹介し，先生方に「チャイムが鳴った時に席に着いていなければ遅刻」の確認をお願いしました。
　実際に私はその通りに遅刻を取ってきていましたが，Ｂ子の担任の先生のように，なかなか遅刻を取れないことも心情的には理解できます。「前の先生は遅刻にしなかった」，「このくらい遅刻じゃない」など，時には反抗的な態度を見せる生徒もいます。だからこそ，遅刻をしないことの大切さと担任の考えは，黄金の３日間でしっかりと伝えておくべきでしょう。

　私は遅刻が嫌いです。仕事に就いてこのかた，やむを得ない理由のある場合を除いて，遅刻というものをほとんどしたことがありません。遅刻をすることで，信頼を失ったり，最も厳しい場合は仕事，すなわちお金を失うことにもなりかねないからです。
　もちろん皆さんはまだ中学生ですから，大人のようにお金や仕事を失

うことはありません。けれども，社会に出る準備期間として，「時間を守る」ことは，人が人と生活する上できちんと守るべき基本的なマナーとして学んで欲しいと思います。

　そういうわけで，私は「チャイムが鳴り始めた時には制服で着席していること」という遅刻の判断の基準をきっちり１年間守りますので，そのつもりでいて下さい。

　そうそう，やむを得ない理由のある場合は，きちんと申し出てもらえればもちろん考慮します。例えばＡ先生にお願いされて手伝いをしていたとか，職員室でＢ先生に叱られていたとか（笑），来る途中側溝に落ちてしまって，側溝をゆっくり匍匐前進してきたので遅くなったとか。あ，最後のはダメですね。素早く匍匐前進をしてくるべきでした（笑）。

3. 伝達・指導事項をどのように伝えるか

　私が初任の時の話です。私は初任の時は副担任を仰せつかりました。最初の１年間，授業に集中できたこと，様々な担任の先生の指導方法を観察できたことは幸運だったと思います。朝の職員打ち合わせで大量に発せられる情報について，「先生，どうしてあんなにたくさんのことを生徒に伝えられるのですか」と，隣の先輩の先生にそんな質問ができたことも幸いでした。

　その先輩の先生の答えは，こんな答えでした。

　「心配しなくても大丈夫だよ。担任になれば，自分のクラスに必要な情報だけが自然に耳に入ってくるから」。

　確かに，担任になると，必要な情報を選択して聞き取れるようになりました。騒々しいパーティーの最中でも相手の言葉を聞き分けられることをカクテル・パーティー効果と言いますが，これも同じような効果でしょう。多くの先生はこのように「体で」担任の仕事を覚えていくものなのだと思います。

　けれども，耳に入れることと，伝えることは大きく違います。つまり，生徒に伝えたり，指導しなければならない情報が耳に入ったとしても，それを

伝える工夫をしているかどうかが問題です。

　例えば，朝の職員打ち合わせ（学年打ち合わせ）で，次のような連絡事項があったとします。この情報をどのように整理して生徒に伝えればよいでしょうか。5月初旬，2年生の担任の先生のつもりで考えてみて下さい。

〈職員打ち合わせ・全体〉
・保健委員の生徒は学校保健委員会の準備のため，昼休みに保健室に。
・昨日の帰宅中，自転車で2列走行している生徒（3年）が先生に注意された。交通事故も増えているので，あらためて気を付けるよう指導して欲しい。
・職員室に入室する際，特に1年生の挨拶の声が小さい。しっかり挨拶するようにお願いしたい。

〈職員打ち合わせ・学年〉
・1週間前に学年の生徒が交通事故に遭っている。軽傷で済んだことは幸いだが，先ほどの安全な自転車の全体走行の話に触れながら注意を喚起して欲しい。
・1校時終了後，集金係は学年の集金担当の先生のところに集金の封筒を取りに行くこと。
・3校時の英語はコンピュータ室で実施。
・6校時の国語と5校時の体育は時間入れ替え。体育は保健に変更，教室で実施。
・昼休みに学級委員は職員室の学年主任の先生から，学年集会で発表する作文の原稿用紙をもらいに行くこと。
・国語の漢字テストで不合格の生徒は放課後に会議室で補習。

　9つの話題が出ました。慣れないうちは（慣れたとしても！）メモするだけでいっぱいいっぱいな感じがしますが，この分量を短時間でメモ順に伝えられても，全員の生徒が理解できるとはとうてい思えません。

　こういう時こそ，担任の先生の腕の見せ所です。ポイントは「伝達事項と指導事項を区別して伝えること」です。

> 先生：連絡事項が5点あります。
> 　　　1つ目は，もしも「えー！」と言いたかったら，「えーっ」と言ってもらって構いません。その代わり，私が聞いたことのないような大きな声で言って下さい。5，6校時の国語と体育は入れ替え，体育はサッカーではなく，「保健に変更」で教室にて実施します。
> 生徒：えーっ！
> 先生：…2点目。だからと言ってサービスするわけではありませんが，3校時の英語はコンピュータ室へ集合。
> 生徒：やった。
> 先生：3点目。国語の漢字テストで不合格だった人は，手を挙げないで心の中で手を挙げて（笑）。放課後に会議室にて補習になります。長くかかるのがいやなら，休み時間に対策しておくように。
> 　　　4点目。職員室に入る時，皆さんは何て言って入室しますか。
> 生徒：失礼します。
> 先生：はいけっこう。1年生がまだちゃんとできていないという話が出ていましたが，皆さんは大丈夫だと思います。聞こえる声で挨拶をして入室できていますよね。これは確認です。
> 　　　さて，5点目についてはちょっと大事な話になります。今もよく聞いてくれているけど，改めて姿勢をよくして，「聞く姿勢」になってくれるかな。

「聞く姿勢をもって聞かせる話」は，もちろん，交通安全についての話です。中心となる話（この場合は指導事項）に生徒が集中できるように，話の内容の順番を考える必要があります。

このように伝達する事項（伝わっていればよい事項）と指導する事項（伝わった上で，行動に結び付けなければならない事項）は区別する必要があり

ます。さらに伝達事項にも軽重を付ける必要があります。委員や係の呼び出しは全員が知っている必要はありません。時間がない時や，重要な内容を伝えなければならない時には，このような情報はカットして，本人に耳打ちし，連絡黒板の隅にメモしておくだけで十分です。

　生徒に何事かを伝えるということは，単に「情報を流す」ということではありません。「今は何を伝えるべきか」を判断し，整理して伝えることです。これを常に念頭に置くようにする必要があります。

4. 帰りの学活

　「帰りの学活が決まった時間に終わらない」。

　そんな悩みを持っている先生は多いと思います。少々厳しい言い方ですがその責任は基本的に担任の先生にあります。少なくとも生徒の責任にしてはいけません。その理由は3つあります。

　まず，ほとんどの生徒は早く終わりにしたいと思っているということです。多くの生徒が「ずるずると学活を引き延ばしたい」と考えているなら，それは生徒に問題があります。けれども，どんなにぐずぐずしている生徒でも，気持ちを聞けば，まず間違いなく「早く終わりにしたい」と言います。そして，言うまでもないことですが，普通の生徒は皆「早く終わりにしたい」と思っているのです。

　2つ目は，学活の時間が延びる理由の多くが「掃除が長引く」ことにあるからです。先述したように「身体に染み込ませる」指導を年度初めに実践できれば，清掃時間が長引くということはなくなります。

　3つ目は，帰りの会の内容に課題があるからです。1日の反省を日直に言わせる，明日の目標を言わせる，黙想をする，先生がまとめをする…。それぞれにどれほどの意味があるのでしょうか。

　帰りの学活では，翌日の予定がきちんと伝わっていれば十分です。なぜだか帰りの学活では長々と話したくなる先生が多いのですが，百害あれども一利くらいしか意味はありません。帰りの準備ができ，すぐにでも部活に行き

たい，早く家に帰りたいという気持ちでふくれあがっている生徒に，どんなにすばらしい説話を聞かせても，アタマにも心にも残るとは思えません。

私は日直が司会原稿に従って進行し，明日の予定を確認して「最後に先生からお願いします」と聞かせますが，即座に「なし！」と言うことがほとんどです。すぐにさよならの挨拶をして，教室整備をしながら生徒を部活に追い出していきます。感謝されこそすれ，物足りないと苦情を言ってきた生徒はただの1人もいませんでした。

5. 朝の学活エトセトラ
◆日直司会，意味ありますか

慌ただしい学校の中でも，とりわけ忙しいものが朝の時間です。学級では健康観察に始まって，授業変更や授業場所の変更などの連絡，係や委員会からの連絡，学校や学年からの連絡など，伝えなければいけないことが山のようにあることが多いのではないでしょうか。時によっては，生徒指導上の問題について，指導しなければならない事案があったりもします。

日直に朝の学活の司会をやらせている先生も多いと思いますが，私はこれが苦手で，日直には挨拶の号令だけお願いしています。短時間に多くの連絡事項を整理して伝えたり，理解させたりするためには，こちらのテンポで時間を管理しないと効率的に伝わらないからです。

◆「1日の目標」って，意味ありますか

しばしば行われている「1日の目標」です。日直が簡単にスピーチして，黒板に目標を書くことが多いのではないでしょうか。若い先生によっては「そのようにするものだ」と教わり，頭から疑わずにやっている先生もいるようです。

私も勧められたことがありますが，「自分に合わない」と考え，断りました。私に合わないと考えた理由は，教室前の黒板の左右に何かが書いてあったり，貼ってあったりすることを好まないこと，毎日同じような目標が繰り返

し出てくること，発表したり書いたりする時間がぐずぐずした感じになること，の3つです。

　この「自分に合わない」という判断は，ほとんど言われないことですが，私はとても大切なことだと思います。もちろん，学校で決まっていたり，学年で「こうしよう」と決定していたりするならば従うべきです。しかし，重大な影響を及ぼさない範囲において，無意味に先生の中で引き継がれているルーティンを学年で話し合って止めたり，「自分には合わない」ことを理由に「やらない」と判断したりすることは賢明なことだと思います。

◆たまにはこんなお楽しみ

　1学期の朝の学活では，予定を伝えたり指導をしたりするだけで目一杯です。けれども，2学期，3学期と学期が進むにつれ，朝の時間にゆとりも生まれてきます。

　そんな時お勧めするのが，"Five Minutes News"です。準備は簡単。朝の学活までに，中学生に読ませたい新聞記事を切り取り，印刷しておくだけです。簡単に朝の連絡を済ませた後，印刷物を配付して生徒と一緒に読みます。「正しく読めるかな」という漢字が出てきたら，「はい，読める人？」と尋ねたり，「意味が分かるかな」という言葉が出てきたら，「『なかんずく』ってどういう意味？」などと問いかけたりします。朝の時間が充実すること請け合いです。ちなみに，私はクリアフォルダ（1枚20円程度のもの）をプレゼントし，記事のプリントを挟み込んでおくよう伝え，プリントが散乱することを防ぎます。

　この時間を使って，なつかしソングを聴かせたこともありました。私は1967年生まれですから，80年代ポップスは自分の中学生時代に重なります。そんななつかしソングを1曲，3分程度流してその頃の話をします。そういう曲をよく知っている生徒もいて驚かされるものです。紹介した曲を清掃時間中に口ずさんでいる女子がおり，「いい曲なので初めて聴いたけど覚えてしまった」と話してくれて驚いたこともありました。

POINT 6 座席の配置・席替え・座席表

CHECK LIST!

☐ 座席の配置を意図的に決めているか
☐ 年度初めの席順には細心の注意を払っているか
☐ 席替えの方法，タイミングは生徒の納得を得て行われているか
☐ 座席の配置を1年間通して変更していないか

1. 座席の配置は意図的に決めているか

　座席の配置については，①男女別列順，②男女ジグザグ型（市松模様型。1列の男女を交互に入れ替える），③男女区別なしの3種類が一般的でしょう。

　どれを選ぶにしても，先生の意図が欲しいと思います。何となく…はよくありません。私は学級を落ち着かせるためには①の男女別席順が一番だと思っていますので，この形を貫いています。（他の方法はやってみて失敗しました。）

　座席の配置は学年で統一することが望ましいと思いますが，私だったら③の男女区別なしについては，反対を唱えて絶対に譲りません。よほど力のある担任の先生ならともかく，男女区別なしの座席で1年を無事に終えることは考えられません。必ず一部の声の大きな生徒の意見が強くなり，学級全体のコントロールが難しくなるからです。

　なぜそうなってしまうのでしょうか。

　教室は「自由な空間」ではありません。生徒がこれまで多くの時間を過ごしてきた家庭は，おおむね自由な空間です。そして家庭，学校を除いた空間はいわゆる「社会」であり，社会的なルールに拘束された空間です。学校の役割は，家庭と社会をつなぐことにあります。つまり，学校の一義的な意味は，「一定のルールのある自由な空間」の中で，生徒に社会的な関係を学ば

せることにあります。ですから，学校生活の中で，「自由」と「社会的なルール」の間のどこに線を引くかということは，「何をどのように学ばせたいか」という先生の意図の裏返しです。座席の配置や席替えは，「社会的なルール」のよさを学ばせるよい場です。生徒と押したり引いたりのやりとりの中で，自由の難しさやルールの機能について学ばせることが大切なのです。

　一例を挙げます。年度の最後の席替えの時，先生がこんな提案をしたとします。

> 　これまで1年間，席替えは先生が決めたやり方でやってきました。今回は最後なので，自分たちで決めてもらおうと思います。どうぞ話し合って下さい。

　この時，あなたは生徒たちがどのような話し合いをし，どのような結論を出して欲しいと願うでしょうか。
　「好きな順にする」という意見が出て盛り上がりながらも，「いやな思いをするクラスメートが出る」，「授業中うるさくなる」などの理由で「くじでお願いします」とか，「先生が決めて下さい」などという「妥当な判断」にたどり着くことが，私の理想とする生徒たちの姿です。

2. 年度初めの座席順

　年度当初の座席配置には細心の注意が必要です。男女混合名簿をそのまま使って，機械的に席順を割り振ることが多いと思いますが，これが学級経営の出だしをつまずかせることがあります。男子の中にぽつんと女子1人，あるいは女子の中に男子が1人，そんなことが起こりやすくなるのです。「あの席順，○○ちゃんにかわいそうだったなぁ，もうちょっと考えればよかった。家庭訪問で怒られそう…」。そんな担任の先生の言葉を何度聞いたことでしょう。ただでさえ緊張場面の多い新学期に，さらに身の縮むような思いをさせることは生徒に気の毒です。(少なくとも，私だったら「身の縮むよ

うな思い」をしますので。)

　このようなことを避けるためには、慎重に座席配置を決める必要があります。私の座席配置の方法を紹介しましょう。

　私は出席番号順と男女別列順を組み合わせて座席を作ります。男女別列順で性別席を確定した後、順番に席を割り振るスタイルです。以下の図（男子1～19、女子①～⑯）を見て下さい。番号のスタートを窓際からに変えたり（A）、列の数が半端になる座席を上手に使う（B）ことで、出席番号を崩さずに席順を変えた例を示しています。

A　廊下側

19	×	13	⑪	7	⑤
18	⑯	12	⑩	6	④
17	⑮	11	⑨	5	③
16	⑭	10	⑧	4	②
15	⑬	9	⑦	3	①
14	⑫	8	⑥	2	1

窓側

B　廊下側

×	⑤	12	⑪	19	⑯
5	④	11	⑩	18	⑮
4	③	10	⑨	17	⑭
3	②	9	⑧	16	⑬
2	①	8	⑦	15	⑫
1	6	7	⑥	13	14

窓側

※スタートや番号の並び、空席を操作することで、男子の2人並びをどこに設定するか、男女の誰と誰を並びにできるかなどを調節することができる。

　ベースとなる席順ができたら、視力の配慮、身長の配慮を加えることで微調整します。もちろん、生徒の性格や学力などを考慮しながらの微調整です。これはなかなか大変な作業で、繰り返し座席の配置を練り、しっくりするまで何度も作り直さなければなりません。飛び込みの学年などで知らない生徒が多ければ、持ち上げの先生に見てもらってアドバイスをもらいながら進めます。

　ダイアモンドウィークの超多忙の中ですが、よいスタートを切るための努

力ですし，初めて出会う生徒への思いを表現する場でもあると考えましょう。始業式にはこんなことを伝えます。

> 今日の座席は出席番号と違う生徒がいますが，間違いではありませんので，安心して下さい。先生は昨日，保健の資料を見ながら，視力の配慮が必要な生徒，前に身長の大きな生徒がいて黒板が見えづらそうな生徒に配慮して座席を作成しました。苦情のある生徒もいると思いますが，最初の席替えまでわずか1か月ですから，我慢してもらいたいと思います。

ところで，このような座席配置にすると，「テストなどを出席番号順に揃えて提出させる」時が面倒に思われるかも知れません。けれども，p.87の技で解消できますので，参考にして下さい。

3. 席替えの方法とタイミング

座席決めは多くの生徒にとって一大イベントです。それと同時に学級経営上トラブルのもととなるものも席替えです。さて，席替えはどのようにして行ったらよいでしょうか。

「先生が決める」という先生もいますし，「くじで決める」という先生もいます。どちらにしても，座席の決め方は先生自身の教育観，実践観の表れと言ってもよいと思います。「意図的な指導であるべきだし，大きなトラブルに発展しかねないから，先生が決めるべきだ」と言う先生もいれば，「どんな生徒ともちゃんと付き合っていけるようにするためには，くじにするのがよい」と言う先生もいます。どちらも正論であり，どちらが正しいとも言えません。ポイントは，生徒自身がその意義を理解し，納得しているかどうか，です。

私の席替え方法と考えを述べましょう。

私は，席替えは「公明正大」にくじで行っています。男女別の座席図を黒

板に書き，男子席は青，女子席は赤で数字を書き込んでおきます。その後，くじを引いてもらい，黒板の座席に自分の名前カードを貼らせるだけです。一連の作業は，何度か担任がやった後は，学級委員にお願いしてしまいます。

　私の心がけていることは，席替えの趣旨を伝えることと，人として基本的に守るべき態度について約束をさせることです。

先生：席替えはとても大事なことだと思っています。なぜなら，クラスの雰囲気づくりに大切だから。それから，いろんな友達を知るきっかけになるから。ですから，皆さんも，よい雰囲気のクラスにしよう，いろんな友達を知ろう，というつもりで席替えに臨んで下さい。
　　　そのためには，席替えの方法は公明正大である必要があると思います。ですから，席替えの方法を提案します。それは「公明正大くじ」です。
生徒：何ですか，それは。
先生：簡単です。黒板に貼れるネームカードを持って，くじを引き，黒板の座席表に貼るだけです。座席表には男女別に番号を書いておきます。文句ある人はいますか？
生徒：いませーん（笑）。
先生：公明正大ですから，誰も文句はないですね。ただ，１つだけ，約束して欲しいことがあります。大事なことなので，全員がしっかり聞いて下さい。
　　　全員がどこかの席になる可能性があるのだから，座席が決まった時に，「やだ」とか，「サイアク」とか，マイナス発言は絶対にしないことです。こういう言葉は，周囲の席の人をとても傷付けます。立場を変えて，想像して下さい。自分の席の横になった人が，「今回の座席，サイアク」と言ったと想像して下さい。…これ以上，言う必要はありませんね。これは中学生としてだけではなく，

> 人として最低のマナーですから，きちんと守ってもらいます。守れない場合は，出席番号順の座席に戻します。
> 次に視力の配慮についてです。このクラスでは，最前列や前から２番目に来ないと黒板の字が見えない，という生徒はいませんでした。ですから，該当の生徒が各列の前から４つ目より後ろの席になった場合，前から３番目の生徒と「交代」とします。
> 以上，文句がある人は今のうちに言って下さい。

　くじで席順を決めることに不安もあるでしょう。席替え直後に保護者から「新しい席順になってから，学校に行きたくないって言うんです」という，そんな相談が全くないわけではありません。けれども，先生が決めた席順でも同じことが起こらないとも限りません。担任としてのダメージはこちらの方が大きいはずです。あえて「配慮不足」，「理解不足」を示してしまったようなものですから。

　さて，席替えのタイミングは，いつがよいでしょうか。これも担任の先生の裁量に任されている学校も多いと思いますが，日直の巡りで席替えをすることが一般的ではないでしょうか。１人日直制で，一巡したら席替えとすれば1.5〜２か月に１回程度となり，２人日直制であれば１か月に１回程度となります。

　私は日直を２人制とし，一巡すると「席替え」としますので，だいたい１か月に１回の席替えになります。年間にすると10回程度です。これについても生徒は特に問題なく「納得」するでしょう。

　ところで，これまで私が一緒に働いていて面白いなと思った先生の席替えがあります。「何かよいことがあったら席替え」という先生です。何人かいらっしゃいましたが，生徒もちゃんと納得しており，「よいこと」が起こるように行事や提出物を頑張るのでした。ちなみに担任はどなたも女性の先生でしたが，ちょっと私には真似できないなと思いながらも感心しながら見ていました。

4. 席の配置や席替えの方法，タイミングは1年間を通して変えない

　席の配置や席替えの方法，タイミングは原則として1年間，変えてはいけません。「例外」は多くの場合，一部の生徒の有利に働き，多数の生徒の不利に働きます。例外は有利不利に敏感な生徒にとって許しがたい矛盾であり，クラスのルールを基本そのものから揺るがし，「教室の正義」を脅かすものになります。例外はよほどのことがない限り作らないと心得ておくと同時に，例外を適用する場合は，生徒自身に考えさせたり，生徒が納得できるようにする必要があります。

　私は席替えのタイミングが近付いてきたら，くじを引いて新しい席順を決定します。席を移動するのは，最後の日直が仕事を終えた翌日で，起立して「『おはようございます』をしたら，そのまま座らずに席移動」というルールにしています。年度の初めにこのルールを伝え，その後は一切変更しません。もしも，席替えの当日が行事と重なっているなどの場合は，あらかじめそのことを伝え，どのように例外として対応すべきか，生徒たちに考えさせます。

先生：今度の席替えは，来週の水曜日です。ただ，知っての通り，水曜日はマラソン大会です。「おはようございます」の挨拶をしたら，すぐに校庭に出て開会式を行う予定です。
　　　ですから，いつもの「『おはようございます』の挨拶をしたら席移動」のルールを例外的に変更する必要があります。先生はアタマがうまく働かないので，どうしたらいいか分かりません。どのように変更したらいいか，みなさんの知恵を貸して下さい。

　繰り返しになりますが，生徒のリクエストに動かされて配置を替えたり，座席を自由に決めさせるようなことがあってはいけません。それがたとえ「年度最後の席替え」であっても同じです。

　私はこれまでに，ほんの数回ですが，同じ学年や他の学年で，担任の先生が一部の生徒に押し切られ，席を自由にしてしまったケースを見たことがあ

ります。殺伐とした雰囲気がクラスを覆い，傷付いた心を守るために身を固めた生徒の姿に，やるせない気持ちと申し訳ない気持ちでいたたまれなかったことを思い出します。

　もしも，自分のクラスでそのような要求が強く出る事態に遭遇したら，「学級の危機」と考えましょう。すぐに学年主任の先生に相談するなど，他の先生の力を借りてでも対応しなければなりません。

5. 座席にまつわるエトセトラ

◆配付物を回収する

　学級ではテストなど，出席番号順に回収するものが多くあります。担任が常に自分のクラスに付いていられるのならともかく，他の先生に監督していただいたり，面倒を見てもらうこともあります。年度初めに，簡単な回収物を使って，出席番号順に並べられるか，練習してみましょう。

　5，10，15，20，25，30，35，40番の生徒にキーマン・キーウーマンとして起立してもらい，自分よりも若い番号を5人分拾って，若いキーマン・キーウーマンに渡すのです。最後はキーマン・キーウーマンの内の1人が揃えて監督の先生に提出します。これをやっておくと，試験監督の先生にも迷惑をかけず，スムーズに回収が済みます。

　念のため付け加えますが，プライバシーに関わる回収物については，絶対にこの回収方法を使ってはいけません。少しでも「生徒が人に見せたくないものかな」と思ったら，面倒でも先生自身が回収しましょう。

◆座席をきれいに揃えるために

　多少神経質かなと思いますが，私は教室で机の位置がバラバラになっていることが苦手です。朝，せっかく揃えても，半日も経てばバラバラ。清掃の後はもとの位置を思い出すことも難しくなります。

　私が初任の頃，あるベテランの先生（B先生）のクラスの机がいつもきれいに揃っていることに驚きました。朝はもちろん，昼も清掃の後も放課後も，

座席が崩れていたためしがありません。床に目印となるガムテープが貼ってあるわけでもありません。いったいどのようにして同じ位置に机が来るように指導をしているのか，不思議で仕方ありませんでした。

　ある時，B先生に尋ねてみました。

　B先生が笑って言うことには「席替えをした時に，前と横を見て，自分の席の位置をよく見ておきなさい，って言っているだけ。それから，放課後に日直に机の位置を揃えて，いすを中に入れる仕事をお願いしている」。そんなお話でした。

　それをヒントに，私は教室の前面の3か所に小さな人形を置くようにしています。人形は各列の真ん中の位置に当たります。これで各列の机はいつでも同じ位置に来るようになりました。生徒は「トトロ列」，「のび太列」などと喜んでくれます。

　横の位置については，廊下側の桟にカラー画鋲を刺しておきます。「机の手前が画鋲とまっすぐ結ばれるように揃えて下さい」という指示で，ほぼ1年間，きっちりきれいな座席になります。小さな工夫ですが，効果は絶大です。

POINT 7 家庭訪問・三者面談

1. 家庭訪問

CHECK LIST!

- □希望を取って予定を組み，家庭に知らせているか
- □訪問時間に遅れて訪問をしていないか
- □訪問時間を過ぎても家庭に残っていないか
- □話す内容や渡す資料を準備しているか
- □家庭訪問にまつわる話で生徒を傷付けていないか

❶ 家庭訪問の予定

　家庭訪問は生徒の生活環境や育成環境を理解する上で，とても大切なものです。宿泊行事の準備や，新学期の生徒の様子などを伝える機会にもなりますが，家庭の雰囲気，保護者の様子を肌身で感じることの方が重要です。行き違いなどないように円滑に実施し，その後の指導に有効に役に立ちたいものです。

　まずは，家庭訪問の予定の組み方について考えましょう。

　かつては先生が出席番号などで訪問予定を決め，家庭に通知するという方法が一般的でした。しかし，共働きが増加しているご時世です。このような方法を取ると，変更の希望が多くなり，調整の仕事が余計にかかってしまいます。

　私は，訪問予定先を空欄にしたスケジュール表に「都合がつかない欄に×を記入して提出下さい」とお願いを書いて配付し，事前に集約します。集まった希望に従って一覧を作って予定を知らせますが，保護者に喜ばれます。多少は手間がかかりますが，時間と労力を割く意味はあると思います。

　ところで，予定を組む際に，担任としてはあまり気にしない人も多いと思いますが，家庭では「なぜ，うちは最後なんだろう。何か先生は時間を取っ

て話をしたいのかな」,「うちの次は空きが2つ続いている。うちの子は何か問題があるのかな」などと, 悩んだりする保護者もいることを知っておきましょう。あるいは, 特別な時間にしか家庭訪問を受けられないなどというケースもあり, 予定表に名前の入らない生徒もいるでしょう。私は予定表を配付しながら, こんなふうに付け加えます。

> 　予定表は必ず今日, お家の人に渡して下さい。希望通りの時間に予定を組んだので, 大丈夫だとは思いますが, 間違いや変更希望があったら連絡するように伝えて下さい。名前のない人もいますが, 都合で別の日程でお願いしていますので心配しないように。
> 　それから空いているところがいくつもあるのは, 先生が方向音痴でよく道に迷うからです。自分の後ろが空いているからといって,「オレ, 悪いことしたっけ」なんて心配しなくても大丈夫です。

受け入れる家庭の身になって考え, 細かいことでも配慮したいものです。

❷ 時間を守って家庭訪問

　家庭訪問において, まず気を付けたいものは時間です。訪問時間, 退去時間は必ず守りたいものです。事前に訪問先を地図で確認し, 不安があるなら事前に所在を確認するなど, 念を入れたいものです。しかし, そうは言っても慣れない土地であったり, 私のように（！）方向音痴の先生もいると思います。遅れる場合は, 電話連絡をし, 必ず到着時間の目安を伝えるようにしましょう。

　また, 保護者の話が途切れないことでついつい話の切れ間がつかめず, 退去時間を逸してしまうこともあるかと思います。「お話の途中で恐縮なのですが, 次の訪問先の時間が迫っていますので…」,「お話の続きは, 必要があれば, 再度時間を取って訪問させていただきますので, 遠慮なくおっしゃって下さい」。言葉を切り出すことが難しいこともありますが, 誠実な態度で

伝えてみましょう。

　ところで、その日の最後の家庭訪問宅で、ついつい引き留められて長居して…ということがありがちです。教師も、無事に1日を終えられた安心感から、つい緊張感がほぐれて言葉に甘えてしまうことになります。けれども、これこそが思わぬ誤解を招くことがありますので、注意が必要です。「同じ最後の家なのに、あそこの家では1時間以上も話を聞いてくれたらしい」。そんな噂が広がった経験が私もあります。原則は曲げずに従った方がよいのです。

　原則の話が出たついでに書いてしまいますが、7時を過ぎるような遅い時間の家庭訪問は複数で対応することが「原則中の原則」です。万一、7時過ぎでないと家庭訪問を受けられないなどというケースに出合ったら、学年主任の先生に相談し、同席してもらうなどしましょう。どうしても単独で7時過ぎに家庭訪問をしなくてはならない場合などは、「時間も遅くなっているのでこちらで」などと、玄関先で用件を済ませることが「原則中の原則」です。

❸ 家庭訪問では話す内容，聞く内容を整理しておく

　言うまでもないことですが、家庭訪問では、話す内容、聞く内容を整理しておきましょう。ただし、プリントを配付する場合は、学年の先生に相談し、内容を確認してもらう必要がありますので、気を付けて下さい。

　3年生の場合は、進路に関する情報提供と共に、保護者の考えを聞く時間が必要になります。たくさんの内容を15分程度に収めることはベテランの先生でも至難の業です。このような場合、「伝えるべき項目」をなるべく少なくし、質問を受ける時間を長めに設定しておくことが、時間を上手に使うコツです。

　1年生では、年度の早い時期に家庭訪問を行う場合、子どもの実態をつかみきっておらず、得てして話題に詰まりやすい傾向があるようです。次に紹介するプリントは、私が家庭訪問用に作成し、学年で共通して使ったものです。生徒の様子を家庭に伝えやすくなったと、経験の浅い先生に好評でした

ので，活用をお勧めします。（掲載スペースの関係で，記入欄は小さくしてあります。）

```
中学校生活の約1か月を振り返ろう
              1年　組：氏名

1  中学校入学前と入学した後
  ①中学校に入学する前の中学校のイメージは？
  〔例〕怖い。忙しい。楽しそう。などなど
  [                              ]

  ②中学校に入学した後の○○中学校のイメージは？
  〔例〕思っていた以上に楽しい。やっぱり忙しい。などなど
  [                              ]

2  クラスの様子や友達について一言。
  〔例〕にぎやか。明るい。だんだん友達が増えてきた。面白い友達がいて
  楽しい。などなど
  [                              ]

3  部活動は何部に所属しましたか？　部活への意気込
  みを一言。
  私が所属したのは_____部です。頑張りたいことは_____です。

4  中学校の先生方の印象を一言で言うと？
  [                              ]

5  スクールカウンセラーの○○先生が皆さんに「中学校
  生活で，何か困っていることや戸惑っていることがあり
  ますか」と尋ねてくれたとします。皆さんはどのように
  答えますか？　□に✓を書いて，質問に答えて下さい。
  □　困っていることや戸惑っていることは特にありません。
    ①今，一番楽しいことはどんなこと？
    ②中学校で一番面白いと思った教科はなに？　理由も教えてね。

  □　とりあえず大丈夫です。
    ①中学校に入って一番困ったことはどんなこと？
    ②中学校で一番面白いな，と思った教科はなに？　理由も教えてね。

  □　困ったり戸惑ったりしていることがあります。
    ①中学校に入って困ったなぁ，分からないなぁと感じたこと
    はどんなこと？
    ②中学校に入って，難しいな，と感じた授業と，面白いな，と思った授
    業を教えてくれる？
    難しいな…
    面白いな…
```

❹ 家庭訪問で得た情報の扱いには気を付ける

　家庭訪問は担任，保護者の親近感を高めるよいきっかけになると同時に，担任と生徒の関係をよくする機会にもなります。翌日の生活ノートには，「家庭訪問ではお世話になりました，とお家の人に伝えて下さいね。作文，ほめておいたよ！」などと書き添えることで，生徒との距離を縮められるとよいでしょう。

　ところで，家庭訪問で聞き知ったことを，どの程度まで生徒に話すべきかについては，慎重に判断しなくてはなりません。場合によっては，家庭訪問で話題が出た際に，「この件は本人に伝わっても差し支えありませんか」などと確認をする必要があります。

本人に話しても問題ない話題であるにしても，話題にするタイミングにも配慮が必要です。翌日の給食時間などに，他の生徒の前で，生徒にとって知られたくないことをしゃべってしまって傷付けることがないように気遣いしたいものです。そんなことをしたら，生徒との距離が縮むどころか，信頼を失いかねません。

　「近くに〇〇っていうラーメン屋があったけど，おいしいの？」とか，「犬がいたけど，名前は何て言うの」などといった，ごく差し障りのない話題がお勧めです。

2. 三者面談

CHECK LIST!
- □ 保護者の希望を取って予定を組み，家庭に知らせているか
- □ 時間を守って面談を進めているか
- □ 三者面談の趣旨を生徒，保護者に伝えているか
- □ よいところを評価しようとする姿勢を持っているか
- □ 保護者に気持ちよく帰ってもらえるよう配慮しているか

❶ 三者面談の趣旨を伝えているか

　上のチェック欄の1行目と2行目については家庭訪問と同じですから，割愛したいと思います。

　近年，3年生の三者面談に加え，1，2年生でも三者面談を実施する学校が増えてきました。いじめや不登校，不適応などが問題となることが多く，教育相談を充実させる動きによるものだと思います。2学期の中頃に行われることが多いのではないでしょうか。

　3年生はともかく，1，2年生の三者面談は行われるようになってから，あまり時間が経っていないせいでしょうか，周囲の先生から「何を話したらよいか分からない」，「会話に詰まってしまう」などという言葉をよく耳にします。

　ところで三者面談は，家庭訪問とは趣旨が違います。両者を比較してみま

しょう。

　家庭訪問の目的が，「先生が生徒の家庭の様子を把握すること」が中心であることに対して，「保護者が生徒の学校の様子を把握し，三者で今後の取り組みについて確認すること」が中心となります。したがって，先生が三者面談で保護者に伝えるべき内容などを整理すれば次のようになります。

- ・学校生活や部活動での様子。
- ・学習の様子。
- ・今後取り組んで欲しいこと（３年生であれば進路決定に向けて）。

　担任から伝えたいことが中心になりますので，準備をしておかなければ「何のために学校に来て面談をしなければならないのだろう」という思いを与えてしまいかねません。三者面談の趣旨を分かりやすく伝えましょう。次の説明は２年生の三者面談を想定した説明です。

　今日は，お忙しいところをご足労いただきありがとうございます。また，１学期には家庭訪問でお邪魔して大変お世話になりました。

　家庭訪問では，ご家庭でのお子さんの様子を伺う，ということでお時間をいただきました。今日は進級しておよそ半年経ったということで，主に学校での様子などをお話ししながら，年度後半をどんなふうに過ごして，中学校最後の１年につなげていくか，ということについて，本人と保護者，担任の三者で，確認してみたいと思います（三者面談のねらい）。

　私からは生活，学習についてお話ししながら，今後の目標についてつなげていきたいと思いますが，○○さんからその前にお聞きになりたいことがありますか。

　…ないようでしたら，まず生活の様子についてからお話ししてみたいと思います。

　配付資料は学年で共通のものを作成すると思いますが，学習，特にテスト

本人に話しても問題ない話題であるにしても，話題にするタイミングにも配慮が必要です。翌日の給食時間などに，他の生徒の前で，生徒にとって知られたくないことをしゃべってしまって傷付けることがないように気遣いしたいものです。そんなことをしたら，生徒との距離が縮むどころか，信頼を失いかねません。

　「近くに○○っていうラーメン屋があったけど，おいしいの？」とか，「犬がいたけど，名前は何て言うの」などといった，ごく差し障りのない話題がお勧めです。

2. 三者面談

CHECK LIST!

□保護者の希望を取って予定を組み，家庭に知らせているか
□時間を守って面談を進めているか
□三者面談の趣旨を生徒，保護者に伝えているか
□よいところを評価しようとする姿勢を持っているか
□保護者に気持ちよく帰ってもらえるよう配慮しているか

❶ 三者面談の趣旨を伝えているか

　上のチェック欄の1行目と2行目については家庭訪問と同じですから，割愛したいと思います。

　近年，3年生の三者面談に加え，1，2年生でも三者面談を実施する学校が増えてきました。いじめや不登校，不適応などが問題となることが多く，教育相談を充実させる動きによるものだと思います。2学期の中頃に行われることが多いのではないでしょうか。

　3年生はともかく，1，2年生の三者面談は行われるようになってから，あまり時間が経っていないせいでしょうか，周囲の先生から「何を話したらよいか分からない」，「会話に詰まってしまう」などという言葉をよく耳にします。

　ところで三者面談は，家庭訪問とは趣旨が違います。両者を比較してみま

しょう。

　家庭訪問の目的が、「先生が生徒の家庭の様子を把握すること」が中心であることに対して、「保護者が生徒の学校の様子を把握し、三者で今後の取り組みについて確認すること」が中心となります。したがって、先生が三者面談で保護者に伝えるべき内容などを整理すれば次のようになります。

・学校生活や部活動での様子。
・学習の様子。
・今後取り組んで欲しいこと（3年生であれば進路決定に向けて）。

　担任から伝えたいことが中心になりますので、準備をしておかなければ「何のために学校に来て面談をしなければならないのだろう」という思いを与えてしまいかねません。三者面談の趣旨を分かりやすく伝えましょう。次の説明は2年生の三者面談を想定した説明です。

　今日は、お忙しいところをご足労いただきありがとうございます。また、1学期には家庭訪問でお邪魔して大変お世話になりました。

　家庭訪問では、ご家庭でのお子さんの様子を伺う、ということでお時間をいただきました。今日は進級しておよそ半年経ったということで、主に学校での様子などをお話ししながら、年度後半をどんなふうに過ごして、中学校最後の1年につなげていくか、ということについて、本人と保護者、担任の三者で、確認してみたいと思います（三者面談のねらい）。

　私からは生活、学習についてお話ししながら、今後の目標についてつなげていきたいと思いますが、○○さんからその前にお聞きになりたいことがありますか。

　…ないようでしたら、まず生活の様子についてからお話ししてみたいと思います。

　配付資料は学年で共通のものを作成すると思いますが、学習、特にテスト

の点数や成績順位の話が中心にならないように気を配りましょう。話題づくりが苦手な先生は，成績，順位，進路といったデータ化できる資料を中心に据えたくなる傾向にあるようです。もちろん，保護者にもそのような情報に対するニーズはあると思いますが，先に述べた三者面談の趣旨からしても，学習を含めた生活全般について話をする機会になるよう，担任として心がけたいものです。

❷ よい部分を評価するよう心がけているか

　成績について話をする場合，「実現可能性のある具体的な努力のあり方」をアドバイスできるようにしましょう。勉強を苦手とする１年や２年の生徒に，「毎日３時間勉強しなければとても追い付けない」，「こんな順位では高校には行けない」などと脅し付けても効果はありません（むしろ逆効果でしょう）。生徒の気持ちを配慮して，取り組めていることを賞賛しつつ，ちょっとだけ高い目標を具体的に示すなどして小さくハードルを上げてみましょう。

　Aくんは授業はしっかり受けてるって，各教科の先生から聞いていますよ。家でほとんど勉強できていないということだけど，勉強の習慣を付けることを先に考えてみよう。どんなふうにしたら，勉強の習慣ができるかな。例えば，まずは好きな科目だけでいいから，家での勉強を続けてみる，というのはどうだろう。

　Bくんは，宿題はちゃんと期日通りに提出できていますね。これはえらいと思います。内容も指示通りにできていますし，自分で工夫したあとも見られる。ところで，家で「宿題プラス何分」くらいならできそう？　え，ムリ？　30分くらいならできそうな気がしない？「宿題プラス30分」。２年生だもの，少しだけ頑張ってみようよ。そういうBくんの姿，先生見たいなぁ。

成績に関する話はもちろんですが，生活に関する話でも，生徒の気持ちを配慮することが大切です。中学生は，もう「子ども」ではありません。少なくとも，生徒は主観的には「もう子どもではない」と思っています。大人に準じた人格を持つ存在として扱い，保護者の前でわざわざ恥をかかせるようなことをしないことは，大人である教師として当然の振るまいです。
　お勧めしない例を挙げれば，資料として忘れ物チェック表や生活ノートなどを使って，欠点を並べ立てることです。三者面談は，生徒を懲らしめるための場所ではありません。ほめる部分を認めて伝え，これから伸ばしたい部分を確認する機会ととらえましょう。

　Cさんは，行事では大活躍をしてくれています。係の仕事でも，責任感を持って取り組めていますね。忘れることがほとんどありません。頼りにしてますので，これからもよろしくね。本当に助かってる。ただ，行事や学級の仕事で，自分で気付いて行動できる分，自分のことが後回しになっちゃうことがあるんだよね。自分でも分かっていると思うけど，今年度の後半は，忘れ物を少なくすることが，Cさんの目標，かな。

　Dさんは掃除をしっかりやってくれていることに感謝しています。掃除は学校生活の基本ですので，皆も頑張っていますが，その中でも人が気付かないところに目を配って掃除したり，人が嫌がる分担でも黙々と取り組めるよさがありますね。
　Dさんは自分で生活の中でもうちょっと気を付けたいと思っていることなんて，あるかな。（Dさん「忘れ物…が多い？」。）そうだね，自分でも分かっているわけだね。忘れ物を注意したり，机の整理などにも気が配れるようになると，先生はうれしいな。

　三者面談にまつわる私の失敗について話をしましょう。ある3年の男子生徒を担任した時の話です。

この生徒は身の回りの整理が乱雑であり，自分のテストや保護者向けの配付物も有価物入れに入れてしまうような，いい加減さの目立つ生徒でした。繰り返し注意したにもかかわらず，三者面談の当日にも，中間テストの問題用紙や解答用紙が有価物入れに突っ込まれていました。
　「ずいぶんいい度胸しているじゃないか。再三注意したにもかかわらず，このようなことをする上は，これは保護者に直接返却するが，いいか」との私の言葉にも，反省の色なく「構わない」と答えます。
　私は三者面談の最後に保護者に事情を話し，プリントを渡しました。保護者（父親でしたが）は，力なく注意の言葉を子どもに投げ，肩を落として教室を出られました。
　私の対応に間違いがあったとは思いません。文字通り，繰り返し指導を重ねて，そろそろ保護者にも事実を伝えるべきだと判断したのです。けれども，これほど後味の悪い三者面談はありませんでした。それ以降，この生徒は多少改善しましたが，心根が変わったり，気持ちを入れ替えたようには見えませんでした。
　私はこの生徒と，1対1でもっと話をすべきだったのです。保護者に伝えるべきことがあったのなら，電話なり，家庭訪問なりをして伝えるべきだったのです。
　「恥をかかせて指導をすることは絶対に止めよう」。
　私はこの時のことを思い出すと，今でも額から嫌な汗が流れる思いがします。

❸ 保護者に気持ちよく帰ってもらえるような工夫をしているか

　家庭訪問をすれば，ほとんどの家庭では，先生が気持ちよく来訪してくれるように，掃除をしたりなど，準備をしてくれます。
　保護者を学校に迎える際にも，ホスピタリティは大切です。日頃の教室掃除では見落としがちな箇所を掃除したり，教室の掲示物を貼り直すなど，教室環境の美化に努めましょう。

よく行われていることに，生徒作品の廊下掲示があります。待ち時間や帰りがけに，保護者が生徒作品を見られるようにしましょう。ただし，親にも，本人にも恥をかかせることになりますので，作品が未提出になっていたり，掲示がされていなかったりすることがないよう，担任として配慮する必要があります。

　私がクラス独自の掲示物としてお勧めすることは，4月から発行した学級通信を整理して掲示することです。学級通信を保護者になかなか渡さない，けしからぬ生徒が少なからずいます。この機会にばっちり保護者に内容を見てもらい，クラスの様子を知ってもらったり，担任としての取り組みをアピールする機会にしましょう。

POINT 8 生活記録・通知表・学級通信

1. 生活記録

CHECK LIST!
- □生活記録を提出させる指導を行っているか
- □生活記録を安易に生徒指導に活用していないか

❶ 生活記録の提出

　生活記録は，毎日生徒が翌日の学習予定を書いたり，日ごとの感想などを書き入れるものです。書く欄の大小はありますが，数行の感想などを書き込めるノートを使っていることが一般的でしょう。生徒の様子を知り，いじめや不登校，不適応や問題行動の予防にも役に立つものですから，ぜひ積極的に取り組ませたいものです。

　ところで，私が2年や3年に飛び込みで担任をした時のことです。なかなか全員が提出することができません。生徒に聞くところによれば「前の担任の先生はあまり提出をうるさく言わなかった」そうです。このような日常の基本となるものは，1年生のうちにしっかり習慣付けることが大切です。

　習慣の付いていない2，3年生の扱いは難しくなります。一度緩くされた習慣は簡単には直りません。場合によっては，強制力を高めて「必ず出せ」というようにルール化するしかない場合もあるでしょう。もっとも生活ノートを出させるために，保護者に検印を押させたりする先生もいましたが，「小学生ではない」のですから，これはやり過ぎです。生活ノートの趣旨から言って，自発的に書いて提出して欲しいものです。

　　生活ノートについて最初に言っておきたいことがあります。これまでのことは知りませんが，私は担任として，今年1年間，皆さんに生活ノートを毎日出して欲しいと思っています。理由は3つあります。

1つ目に，私にとって皆さんが書いてくれることはたとえ1行であったとしても，とても楽しく，面白いからです。
　2つ目に，皆さんが書いてくれたことについて，場合によっては先生が力になってあげられることもあるからです。実際，これをきっかけに先生がプリントをあげたり，本を貸してあげたりしたこともあります。3年にもなれば，進路相談の役に立ちます。
　3つ目は，「居心地のよいクラス」のヒントが生まれることです。「最近社会の時間がうるさい」，「自分勝手な行動をする人が増えてきた」。そんなつぶやきや愚痴を，先生は上手に拾って，よいクラスづくりに役立てたいと思っています。ですから，生活ノートは皆のためでもあり，私のためでもあり，クラスのためでもあるんです。
　しばらく私と付き合ってもらえば分かると思いますが，私は皆さんに「あれしろ，これしろ」とお願いすることはあんまりありません。生活ノートについては数少ないお願いの1つです。ぜひ，毎日出して下さい。
　追加で2言。
　皆さんが「してはいけないこと」を確認します。他の人の「生活ノート」を読むのは，人として許される行為ですか。当然許されない行為ですね。これをした場合，問答無用で怒鳴りますが，当然だと思う人は頷いて下さい。ハイ，全員が頷いてくれたので了解したと判断します。
　先生が「しないこと」を確認します。何を書いてくれても，皆さんに何も言わずに他の先生に見せたり，お家の人に内容を伝えることはしません。また，勝手に学級通信に載せることもしません。これは私からの約束です。

❷ 生活ノートと生徒指導上の配慮

　「普通の」中学生なら，他の生徒の生活ノートを盗み見することはありませんが，私は念押しをしておきます。生活ノートは担任と生徒のマンツーマ

ンの交流です。だからこそ生徒も気を許したことを書いてくるのですし，担任としてそういう関係を尊重したいと思うからです。

　同じ意味で，生活ノートの内容に基づいて生徒指導を行ったり，保護者に確認をしたりする際には細心の注意を払わなければなりません。

　例えば，「（テスト3日前の）日曜日に遊びに行った」と記録を書いてきた生徒Aくんがいるとしましょう。Aくんに対して生活ノートに反省を促すコメントを記入したり，帰りがけにそっと呼んで廊下の隅で注意を与えるならば問題ありません。けれども，Aくんが「B，Cと一緒に行った」と書いてあることを根拠に，Bくん，Cくんの担任がそれぞれに注意を与えるということがあるなら，これは「行き過ぎ」です。担任とAくんの関係を尊重し，別な形での指導を検討すべきです。（もちろん，内容が緊急性を必要とするものであれば話は変わりますが。）

　次に生活ノートで気を付けるべき点は，コメントの内容です。先生の書くコメントは，生徒はもちろん，保護者も読むということを念頭において書かなければいけません。字の上手下手について指摘されたら私はまったく面目ありませんが，少なくとも内容については常識の範囲で，保護者から見ても妥当と思われる助言や感想を書かなくてはなりません。

　生徒によっては「死にたい」などと，あまり深い考えもなく書く生徒もいます。ただ，書いてある時点では深い考えがあるのかどうかは判断できませんので，安易なコメントを書くことは避けるべきです。このような場合は「とても心配なので，今日，放課後に時間を作ります。ちょっと話をしましょう」とコメントを書き，相談の時間を取ることがよいでしょう。相談の中で，悩みごとがある程度解決できればよいのですが，尾を引く様子であれば，本人に確認を取って，保護者に連絡すべきです。

　生活ノートは文字として残るものですから，後々になって事実関係を遡及的に確認する際には重要な材料となります。このことはくれぐれも頭の隅に置いておくべきです。

　ちなみに，「生活ノートのコメントを赤で書くことはいけない」と書いて

ある本もありますが，私には理解できません。「一般社会では，赤でコメントを書くことは失礼にあたる」から，このような行為は教師の非常識によるものだという考えのようですが，学校は「一般社会」ではありません。生徒の誤字や脱字を赤で直し，ついでに赤でコメントを書く。理にかなっていると思います。

保護者が生活ノートに先生への連絡を書いてきたらどうしたらよいでしょう。これは黒のボールペンで返信を書いた方がよいと思います。蛇足でした。

2. 通知表

CHECK LIST!
- □ 通知表は正確であり，かつ整合性のとれた内容になっているか
- □ 通知表の通信文は「生徒のよい点，伸ばしたい点」を中心に記述しているか

❶ 通知表の大切なことは「正確性」，「整合性」

少し意外に思うかもしれませんが，通知表で一番大切なことは「正確性」です。つまり「誤りがないこと」です。家庭に対して学校の生徒の様子を公に知らせるものは，学校生活の中では通知表しかありません。成績となる評価はもちろん，出欠，遅刻など数値で表されるものがたくさんあります。数字は正誤がはっきり分かります。正しく記入されているかどうか，繰り返し確認し，複数の目でチェックする必要があります。教科担任制であり，担任・副担で分業したりする中学校では，責任の所在が曖昧になりがちです。1つの誤りが通知票全体の正当性を傷付けますし，学級担任の信頼を損なう要因になります。ぜひ，担任の目で見て，正確にできているか，繰り返し確認をしたいものです。

「正確性」と共に大切であるものは，「整合性」です。評価に見合った評定であるのか，行動欄の評価はどのような根拠で評価されているのかなど，説明できる状態である必要があります。いわゆる「説明責任」に耐える通知表

でなければならないと言えるでしょう。

　通知表の作成を終えたら，完成された通知表を目の前に，「自分自身が生徒であったなら」，「自分が生徒の親や祖父母であったなら」という思いで読み直すことをお勧めします。

　「この生徒はほとんどが5なのに，なぜ美術に限って3なのだろう」，「定期テストで国語がすごくよかったと言っていたのに，どうして3なのだろう」。そのような疑問も生まれてくるかも知れません。

　生徒に渡す前に，教科担任の先生に尋ね，担任としても納得のいく形で生徒に通知表を渡したいものです。

❷ 所見は「ほめること」を中心に

　先にも書いた通り，中学校の通知表作成は，教科担任制であったり，学年内の分業となるところが大きいので，学校・学年の体制に従っていれば通知表の作成作業は済んでしまうことが多くあります。そういう意味で，通知表で最も学級担任としての役割が重要なものは，所見欄ということになります。

　昔話になりますが，私が教師になったのは1997年でした。当時，通知表はまだまだ教師にとっても生徒にとっても，今よりも「ありがたみ」があったように思います。評定も相対評価の色合いが濃く，現在よりもシビアな数字になっていることが多くありました。所見についてもほとんどの教師が手書きで書いていました。私も繰り返し原稿を練り，下手な字ではありますが，一晩も二晩もかけて所見の欄を書くなどして仕上げたものです。

　時代は移って，教師の多忙化が課題とされる中，通知表も電子化が進み，プリントアウトした用紙を通知表とすることが一般的になってきています。通知表の所見についても，記述内容が問題化することが多くなり，教育的効果も考えて「よい面を中心に書く」雰囲気が強くなってきました。

　私はこのような変化をすべて好ましいものとは思いません。手書きの通知表のよさというものを今でも認めますし，相対評価のシビアさと明確さについても一定の価値を認めます。所見欄の厳しい表現も，その時はつらい思い

をするかも知れませんが，時を経て財産となることもあるからです。

　大昔のことになりますが，私が中学１年の時の，１学期の所見の欄は，今思い出しても正確に言えるくらいインパクトがありました。その表記は一言のみ，「覇気がない」でした。私は母に「これ，何て読むの」，「『覇気』って何？」と尋ねたことを覚えています。答えを聞いて，傷付きもしましたが，今思えば，なかなか面白い，的確な所見だったと思います。

　古き時代の通知表の肩を持ってみましたが，「よい面を中心に書く」よさも，もちろんあります。先生がいかに心配し，心を痛めて「覇気がない」と書いたとしても，書かれた方としては一時的とは言えめげますし，「だからどうすればよいのか」ということについてはさっぱり分かりません。

　「よい面を書く」という姿勢のよさは，受け取る側の誤解を減らし，どういう部分をどのように伸ばせばよいかが分かりやすいという利点があるのです。そして，書く側，すなわち先生にとっては，その生徒の「どういう部分をどのように伸ばせばよいか」と省察する機会になるのです。

　以下に，私が若い先生に「所見はどのように書いたらよいですか」と聞かれた時に，どのように答えているか紹介しましょう。

・基本的によくない点は書かない。事実に基づいたよい点を書き，賞賛の気持ちを表すこと。〔○○実行委員会の活動に積極的に参加してくれました。他の生徒の模範になりました。／○○係の△△の仕事を毎日忘れずにでき，担任としてとても助かりました〕

・さらに伸ばして欲しい点について，本人や保護者が具体的な取り組みのイメージを描けるように書く。その際，担任として支援の気持ちも書き添える。〔２学期には友達と一緒の班活動も増えるので，班員を引っ張ってくれることを期待しています。／英語の苦手意識克服のために，家庭での学習時間を少しだけ多く英語に振り分けるとよいと思います。応援しています〕

・評定や評価，行動の記録面で厳しい結果が出ている場合は，「数学で少し残念な結果も出ていますが，まだ苦手を克服できる時間は十分にあります。２学期に期待します」，「まだ○年生の生活も半年以上残されていますから，○○くん

> のよさがますます現れてくることを期待しています」程度で済ませること。
> ・好ましくない行動を指摘する必要があったら，学期末が近付いた時点で本人と話をするとよい。わずかでもよいから，改善に向けて努力するように助言する。改善の傾向が見えたら「…できないことがあったが，徐々にできるようになってきている。今後はさらに…」など，表記方法を工夫する。
> ・記述はあっさりしていると思われるくらいでよい。担任の思いや観察の細かさを表現に盛り込もうとすると，分かりづらくなったり，誤解も生まれやすくなったりする。また，文章のミスも出やすくなるため，短く，シンプルな表現を心がける。

　他の生徒に迷惑をかけているようなよくない行動や言動，直すべき習慣などがあって，そのことを学校として伝えなければならないこともあるでしょう。その場合は，通知表という形でなく，手紙や電話，家庭訪問といった手段を使って知らせればよいのです。通知表は一生残るものとして，ごく慎重な書きぶりを貫くことで十分です。

❸ 生徒に自己評価をさせる

　学期末には，学期を振り返って自己評価する時間を与えることが多いと思います。その際，通知表の評価項目を上手に活用しましょう。次のページのワークシートは学期の間の表彰や，学習の取り組み，行動の記録など，通知表の内容をそのまま反映したものになっています。このような自己評価は生徒に学期の振り返りをさせると同時に，先生が通知表を作成する上での資料になります。

　このワークシートはＡ３サイズで両面印刷をして配付，記入させ，回収して保管します。２学期に「振り返り」を記入する際には１学期の「振り返り」を，３学期の「振り返り」を記入する際には１，２学期の「振り返り」を渡し，年度の振り返りもあわせてできるようにすると効果的です。

自分で振り返る「1学期の通知票」

1年　　組　　番　氏名

【今学期の個人目標について】

目標①学習		A　B　C　D
	感想・意見	
目標②生活		A　B　C　D
	感想・意見	
目標③部活		A　B　C　D
	感想・意見	

【今学期の特別活動】（自分が所属していた活動名、役員までされたことなど）

学級活動（係など）	
生徒会活動（委員会など）	
部活動	

その他の活動で表彰されたことなど

【今学期の教科について】

教科	自己評価(5点)	集中力	発言	授業準備	宿題提出	コメント
国語	5 4 3 2 1	ABCD	ABCD	ABCD	ABCD	
社会	5 4 3 2 1	ABCD	ABCD	ABCD	ABCD	
数学	5 4 3 2 1	ABCD	ABCD	ABCD	ABCD	
理科	5 4 3 2 1	ABCD	ABCD	ABCD	ABCD	
英語	5 4 3 2 1	ABCD	ABCD	ABCD	ABCD	
音楽	5 4 3 2 1	ABCD	ABCD	ABCD	ABCD	
美術	5 4 3 2 1	ABCD	ABCD	ABCD	ABCD	
保健体育	5 4 3 2 1	ABCD	ABCD	ABCD	ABCD	
技術家庭	5 4 3 2 1	ABCD	ABCD	ABCD	ABCD	

※該当する箇所がない項目は斜線を引く。

【今学期の生活について】

	項目	自己評価	具体的な行動を振り返ってください
学校生活	①時間を守って行動をしましたか。（遅刻しなかった、チャイム着席できた）	A B C D	
	②教科書・ノート、用具などの忘れ物をせず、授業に臨むことができた。（提出物の期限を守って提出できた）	A B C D	
	③授業中に先生の説明を熱心に聞いたり、ノートをしっかりとることができた。	A B C D	
	④身なりをきちんとして過ごすことができた。（制服・体育着などの服装や名札使用で注意をされずに済ませた）	A B C D	
健康	①睡眠、休養、運動のバランスをとれた生活ができた（就寝時間が遅いために朝が眠くなる事がなかった、運動不足を感じなかった）	A B C D	
	②体力を付けるため、体育実技や体育の部活でこつこつがんばった。	A B C D	
自立	①学校行事や委員会活動に進んで参加した。（マイナス発言・後ろ向き発言をせず、前向きな気持ちで活動することを心がけた）	A B C D	
	②学級の活動や授業で積極的に発言した。	A B C D	
責任感	①係などの仕事に熱心に取り組んだ。（係の仕事を忘れてしまわないで最後までやり、他人に迷惑をかけることがなかった）	A B C D	
創意工夫	①自分の生活に責任を持って行動し生活することができた。（人のせいにしたりすることなく、自分の行動をとれた）	A B C D	
	②授業や学校生活などに興味・関心を持ち、豊かになるように工夫した。（自分のためになる工夫をした）	A B C D	
思いやり・協力	①みんなのまとまりを大切にし、思いやりの気持ちで行動した。（みんなのためになることを考えた）	A B C D	
	②人の気持ちを理解し、思いやる行動をしなかった。プラス発言を増やし、言葉使いも気をつけた（人を傷つける言動をなくした）	A B C D	
自然愛護	①さまざまな気持ちを振り切り行動し集団で学習する集団行動を良くし周りと協力しつつ、自分の役割もしっかり果たした。	A B C D	
	②身の周りの自然や生命を大切にし心がけた行動できた。	A B C D	
勤労・奉仕	①自分や他人の生命を大切にし、けがのない生活に努めた。	A B C D	
	②学校生活や地域社会の活動に積極的に参加できた。（ボランティア活動などに積極的に参加した）	A B C D	
	③清掃活動に積極的によく取り組んだ。（清掃場所の清掃時間に熱心に取り組み、自分の分担所の清掃を他人任せにしなかった、自分の分担所ではきちんと清掃を心掛け自分の責任を果たした）	A B C D	
公正・公平・公共心	①うそをつくことも悪く扱うことを他と別にすることもなかった。不器用な思いをしなかった（差別をしなかった）	A B C D	
	②まじめなことと悪いことを別にして、なおかつ行動に移すことができた。	A B C D	
	③学校やクラスのまとまりを大切にして生活できた（校則に反した行動をしなかった）	A B C D	
	④学校の施設・備品を大切に扱ったり、整理したり、無駄使いをしなかった。	A B C D	
	⑤教室の整理整頓を心がけた。（教室内の備品を整理し、教室内の私物のスペースに私物と生徒を置くことがなかった）	A B C D	

自己評価のめやす…A＝90%以上（1度くらいの失敗は許す）　B＝75%位（失敗は半分）　C＝40%位（失敗が多かった）　D＝20%以下（ぜんぜんダメだった）

〜私の1学期はこんな学期にしたい〜
—フリースペースです。デザイン自由。絵でもよい！—

今学期、一番「〇〇〇〇だったこと」(今学期を振り返って最も印象的だったこと) を1つ選び、思い返しながら作文しなさい。

今学期、一番「　　　」

POINT 8　生活記録・通知表・学級通信

3. 学級通信

CHECK LIST!

☐ 学級づくりとしての学級通信という視点を持っているか
☐ 読んでもらえるように内容やレイアウトを工夫しているか
☐ 写真を掲載する場合，一部の生徒に偏っていないか
☐ 発行前に学年主任や管理職に目を通してもらっているか
☐ 定期的に発行しているか

❶ 学級通信づくりは学級づくり

　小学校では，どの学級でも学級通信が作られ，家庭に配付されていると思います。けれども，中学校では学級通信を作る先生はどちらかと言えば少数に属するでしょう。年間を通して定期的に作っている先生は「珍しい」部類に入るのかもしれません。

　私自身も，安定して学級通信が出せるようになったのは担任3年目くらいからであり，それまでは数号で打ち止めになってしまったり，年間を通してわずか数号で終わってしまったりと，それはそれは申し訳ないありさまでした。

　中学校では学年通信が出され，基本的なことは家庭に伝わります。多忙を極める毎日の中，身を削って学級通信を作らなくともよいとする先生がいてしかるべきだと思います。けれども，学級通信は学級指導に効果の高いツールであり，しかも担任と保護者との絆を強くするための数少ない手段の1つであることは知っておきましょう。

　私が最初に担任をした時のことです。初の担任で張り切っていた私は，初日にクラス写真を撮影し，学級通信に大きく貼り付けて一晩かけて印刷し，（当時は写真印刷に大変な時間がかかったものです）生徒に配付しました。約1か月後，家庭訪問をした私は，何軒かの家の居間にその学級通信が飾られているのを見ました。学級通信を出してよかった，と心底思いました。

　クラス全体で乗り切らなければならない課題が差し迫った時，担任として

の私の考えを一晩かけて文章にし，学級通信に印刷して教室で読み上げたことがあります。保護者から励ましの電話をいただいたり，手紙をいただきました。ありがたいことだと感謝しました。

　ぜひ学級づくりの視点から学級通信を上手に利用しましょう。

　さて，学級通信を書く前に気を付けなければならないこともあります。それは，ご自分の学校，学年では学級通信を出してもよいかどうかを確認することです。学年の方針として学級通信は出さないという方針を持っている学校・学年もあるからです。こういう学校・学年の中にあっては，基本的には従うしかありません。けれども，出したい思いが強いなら，周囲の反応を見ながら，ということになろうかと思いますが，「連絡の配付」として通信のミニ版を出してみてはいかがでしょうか。時として若い先生の思い切った行動は，ベテランの先生への刺激になり，学年，さらには学校の動きがよくなることもあるのです。周囲の先生の理解を得ながら，思いを形にしてみたいものです。

❷ 学級通信づくりの工夫

　「学級通信の内容を考えるのが苦手」。そんな先生も多いようです。特に「文章を書くのがどうにも苦痛で…」という言葉をよく聞きます。

　そんな先生に4つのアイデアを紹介します。

　1つ目は，一番効果の高い方法です。それは，先輩の先生の学級通信をそのままいただいてしまうことです。「読みやすい」，「レイアウトがよい」，「文章が分かりやすい」。周囲を見渡せば，そんな先輩先生の学級通信があるはずです。1年間分をためれば，大変心強い財産になります。

　「先生の学級通信はとても読みやすくて，いつもいいなぁと思っています。厚かましいお願いなのですが，参考にしたいので，これまでに先生が出された学級通信を見せていただけないでしょうか」。

　思い切ってそんなお願いをしてみたらどうでしょうか。よい学級通信を出している先生は，プリントアウトしたものをファイルしていたり，データで

整理して持っているものです。私もごく近年に同僚の先生にそんなお願いをしたことがありますが，快くデータを貸して下さいました。何よりも学級の生徒のためです。勇気を出して謙虚に先輩に学びましょう。

　2つ目です。座席表や係一覧など，すでに手元にあるデータを画像に置き換えて貼ってしまうことです。パソコンの操作としてもそれほど難しいものではありませんし，パソコンが面倒ならば切り貼りしてしまう手もあります。旅行・行事の日程表なども，学級通信用に書き直そうとすれば一手間，二手間かかってしまいますが，データをそのまま使ってしまえば，大きく手間が省けます。あらためて文を打つ必要もありません。案外アナログな手段の方が効率的なこともあるのです。

　3つ目は，今さら申し上げるまでもありませんが，写真を上手に使うことです。値段も操作もすっかり手軽になったデジタルカメラです。小さいカメラを職員室の机に常備し，集会や行事の際にはポケットに忍ばせておきましょう。ただし，「学級通信に使う写真の撮影」を学年の仕事よりも上位に位置付けてはいけません。あるいは「学級通信に使いたい」がために，行事の雰囲気を乱したり，他の先生の邪魔になるようなこともしてはいけません。「学級通信を出すことで，学級経営をよりよくする」ことが目的なのか，「写真を貼った学級通信」を出すことが目的なのか，どちらが本来の目的でしょうか。よく考えればすぐに分かることだと思います。

　4つ目は，学級通信作成の手間を省きながらも，味わいのある通信を作成するアイデアです。通信を生徒自身に書かせるというものです。学期の始め，学期末，行事の前や後など，ちょっとした生徒の感想が欲しくなることがあると思います。そんな時のためにＡ４サイズの用紙を16分割に切って小片にし，たくさん用意しておくと便利です。朝の学活で，1人に1枚ずつ配付して，次のように指示します。

　1週間後に迫った合唱コンクールに向けて，意気込みを一言書いて欲しいと思います。タテヨコどちらでも構いません。イラスト，文字飾り

> 大歓迎ですが，カラーで書いてもらっても印刷はシロクロですので悪しからず。そのまま学級通信に使うので，自分の名前も書いて下さい。以上。

　集まった紙を縮小コピーし，学級通信の枠に貼り付けるだけで簡単便利な学級通信のできあがり。作業時間は手際よくやれば30分。帰りの学活には手作りの学級通信として配付することができます。

❸ 学級通信の留意点

　学級通信を出す上で，留意すべき点をいくつか述べたいと思います。

　まずはごく基本的なことですが，写真，記事などで取り上げる生徒に偏りがないように配慮することです。このような配慮は，しばしば保護者のクレームを避けるためのように言われますが，それは二次的なものです。教室の生徒たちにとってこそ，担任の先生の公平，公正な態度や振る舞いは何よりも大切なことなのです。

　2つ目は誤字や脱字，文章表現の誤りを減らすことです。「誤字や脱字，文章の誤りはしてはならない」などと言う人もいますが，そんなことは不可能です。プロの校正が何人もいる新聞社や出版社でさえ，100％のチェックはできません。完璧を求めて尻込みする必要はありません。「失敗は肥やしに」という姿勢で臨みましょう。とは言え，教師という職業人として，誤字や表現の誤りを防ぐ努力は必要です。辞書を使って意味を確認したり，繰り返し校正しましょう。

　3つ目は，2つ目とも関係しますが，誤字，表現も含めて，学年主任や管理職に目を通してもらうことです。私自身を振り返っても，経験の浅い頃には，誤解を生むような表現をしてしまったことがあります。トラブルにこそなりませんでしたが，思い出すと今でも冷や汗が出ます。ぜひ，謙虚な姿勢で確認をお願いし，忠告や指摘に素直に従うようにしましょう。自分にはない知識や経験に基づいて，判断をしてもらっているのですから。

4つ目です。学級通信はどのくらいの頻度で出すべきでしょうか。私は週に1～2回程度の発行を心がけていますが，十分であると思います。まれに回数を多く出すことに熱心になる先生がいますが，そういう時間は教科指導の準備に回した方がよいでしょう。あるいはご自分のためや，ご家族のために時間を費やすべきです。学級通信は，あくまでよい学級づくりをするための手立ての1つに過ぎません。「学級通信を出すこと」そのものが目的にならないように気を付けたいものです。

POINT 9 いじめを許さない学級経営

　いじめは，時として人の命を奪うことにもつながる，学校が抱えた大きな問題です。いじめは学校での人間関係のこじれを発端として発生するため，いつどこで，どのような形で起こるか予想しづらく，また様態も多様であって，解決も容易ではありません。

　本章では，このようないじめを防止したり，解決に導くために学級担任にどのようなことができるか，考えていきたいと思います。

CHECK LIST!

- □ いじめはいつでも起こるという気構えを持っているか
- □ いじめを許さないという姿勢を明確に示しているか
- □ 安心して生活できる学級の雰囲気づくりに努めているか
- □ いじめを予防する観察，声かけ，指導をしているか
- □ いじめの発見，対応に組織的に取り組んでいるか

1. いじめはいつでも起こるという気構えを持つ

　いじめは，平成18年度に文部科学省によって次のように定義されています。

> 個々の行為が「いじめ」に当たるか否かの判断は，表面的・形式的に行うことなく，いじめられた児童生徒の立場に立って行うものとする。「いじめ」とは，「当該児童生徒が，一定の人間関係のある者から，心理的，物理的な攻撃を受けたことにより，精神的な苦痛を感じているもの。」とする。なお，起こった場所は学校の内外を問わない。

　すべての先生が承知している通り，いじめは学校における人間関係をもとにし，思いもよらぬ場所，タイミングで発生したり，エスカレートしたりします。いじめが学校という場における人間関係を基本としている以上，いじめを防いだり，解決したりすることは先生，そして生徒自身が中心となります。とりわけ学校内，とくに生活時間の長い学級におけるいじめの未然防止

や早期解決についての教師の責任は大きなものであると言えるでしょう。教師として，いじめはいつでも起こりうるという気構えを持つことが何よりも大切です。

とは言え，いじめを防ぐことは簡単なことではありません。

私自身を振り返ってみます。当たり前のことですが，これまで私は常に「自分のクラスではいじめは起こさない」という気構えを持って学級経営に当たってきました。それでも，私の目で「いじめだ」と判断し，指導したことが何度もあります。中には早めに手を打ち，保護者との話し合いを持ち，学年のバックアップを得て組織的な対応をしたにもかかわらず，なかなか収めることができないケースもありました。人間関係のこじれを原因としているため，解決が難しいことがいじめトラブルの特徴です。

けれども，いじめの防止や解決がいかに難しくても，先生は諦めたり，投げやりになったり，後退するようなことになったりしては絶対にいけません。

人が嫌な思いをさせられるのを見過ごすような人になって欲しくない。
不正義を容認するような人になって欲しくない。
正しいことは正しいと言える人になって欲しい。

「教師の願い」は皆同じだと思います。私が先に述べたいじめトラブルは，その後，何とか解決できましたが，最後まで自分自身とのぎりぎりの闘いでした。いじめを防いだり，解決に導くことは大きなエネルギーを必要とします。悩んだり，疲れてしまった時にはぜひ「教師の願い」に立ち戻って，指導への力を得て生徒のために頑張りましょう。

2. いじめを許さない姿勢をどう示すか

いじめを防ぐ第一歩として，年度の早い時期に担任が「いじめは絶対に許さない」という姿勢を生徒に示す必要があります。ただし，先生が一方的に宣言するだけでは，生徒の心に響かせることは難しい場合もあるでしょう。

伝え方によっては，聞いている生徒も白けてしまいかねません。いじめを防ぐものは先生の力だけでないことを思い出して欲しいと思います。生徒自身がいじめをよくないことだと認識し，いじめに至る前に行動を止めたり，人間関係を修復する力を持つことが大切なのです。

ところで，生徒はこのような力につながる判断力をちゃんと備えています。「いじめのあるクラスがよいクラスだ」と考える生徒はどこにもいません。生徒は誰しも「いじめはよくない」と思っていますし，「いじめのないクラス」が正しいと思っています。

実は，先生の願いと生徒の願いは一緒なのです。

　私は不平等や人を傷付ける行為や言葉が大嫌いです。皆さんも同じだと思います。差別されたり嫌なことを言われて，うれしい人はいないはずですから。どうですか，そのようなことをされてうれしい人がいますか。…いませんね。

　ですから，私が担任として持つ自分のクラスの目標は，いつも同じです。そんなに難しいことではありません。「居心地のよいクラスにする」ことです。

　「居心地のよいクラスにする」ためにするべきことは，1つだけです。「他人の気持ちになって考えられる人」になれるように努力することです。

　皆にお願いするだけでなく，私も努力します。皆の気持ちになって考えられる先生になるように努力します。皆が「他人の気持ちになって考えられる」ように努力すれば，自然と「居心地のよいクラス」になっていきます。

　ちなみに，「居心地のよいクラス」の敵があります。何だと思いますか？　それは，「いじめ」です。いじめはまさに「不平等，差別，不愉快な行動・言動，人の気持ちを考えない行為」の象徴です。私はこのクラスではいじめは許しません。皆さんも許さない心構えでいて下さい。

> 目指すは先生にとっても，皆にとっても全校の中で一番「居心地のよいクラス」です。一緒にそんなクラスにしていきましょう。

　先生だけがしゃかりきになっても，いじめを防ぐには十分ではありません。先生が理想とするクラス像を，生徒と共有するような語りが望ましいと思います。皆で努力するものとして，いじめを許さない姿勢のあり方を伝えましょう。キーワードはシンプルです。「他人の気持ちになって考えられる人になること」ですから。

3. いじめを防ぐための日常の指導

　いじめを防ぐために，担任としてどのような日常の指導に取り組んだらよいでしょうか。

　大きく言えば，間接的な指導である「安心して生活できる学級の雰囲気づくり」と，直接的な指導である，タイミングのよい「観察，声かけ，全体指導」の2つに大別されます。それぞれについて具体例を交えて述べていきましょう。

❶ 安心して生活できる学級の雰囲気づくりのために
1）「差別」と「配慮」

　まずはじめに，いじめへの対応ということだけでなく，学級経営において最も基本となるべき先生の姿勢について触れたいと思います。

　それは，「万一の場合でも先生の言葉や行動の中に差別を容認するようなことがあってはならない」ということです。生徒は先生の価値判断や行為に対して敏感です。特定の生徒をからかいの対象にしたり，軽んじたりするような言動を取ったりすることは絶対に許されません。このような行為はいじめを許し，助長するものとして，強い非難を受けても仕方のないものであると確認しておきたいと思います。「差別のないクラス」は，安心して生活できる学級づくりの前提中の前提です。

ところで，私たちが生徒を指導する中で，特別な配慮によって特定の生徒を例外的に扱うことがあります。これについてはどのように考えたらよいでしょうか。一見，不平等なことのように思えますが，これは実際の学級経営や教科経営ではたびたび必要とされる判断です。と言うのも，先生には公平に生徒を扱いつつ，一方で「個性や能力の違いに配慮」したり，「１人１人に合った居場所や活躍の場を作る」ことが求められるからです。

　例えば，学級活動の中で全員の意見発表を求めたとします。この学級の中に場面緘黙の生徒がいたら，先生はどのようにすればよいでしょうか。公平に扱えば，意見の発表は全員にさせるべきでしょうが，「個性や能力の違いに配慮」すれば，その生徒にはその場での発表は免除し，別の発表方法を考えることも１つの手段であるということになります。

　あるいは，ある学校組織への参加希望者がクラスの中から出ず，困っているとします。「あまり目立つ仕事ではないけれど，やりがいがあるし，他学年の生徒と一緒にするからよい経験になる。少し大人しくて，行事の実行委員には手の挙がらなかったＡくんにやらせてみたいな」。そこでＡくんに声をかけます。これは活躍の場を作って生徒を成長させようという，個別の配慮です。

　ある生徒を「個性や能力の違いに配慮」したり，「１人１人に合った居場所や活躍の場を作る」ために例外的に扱って配慮することは，生徒の力を生かしたり，伸ばしたりするために必要なことです。このような「配慮」は，時として不平等と混同されることがありますが，両者はまったく違うものです。先生が指導のねらいについて，自分の考えをしっかりと持ち，誤解を受けないように注意しましょう。

２）よい学級の雰囲気づくりのための３つの要素
　いじめが起こりづらい学級は，生徒が明るくのびのびと安心して生活できる学級です。生徒がそのような学級生活を送るためには，学級において次の３つの要素が欠かせません。

○ルールがきちんと守られていること。
○学習に集中できる環境にあること。
○自分のクラスに誇りが持てていること。

　この3つについて少し細かく述べていきます。

○ルールがきちんと守られていること
　安心して生活できる学級の雰囲気づくりに大切なことは、生徒にルールを守って生活させることです。
　よく言われるように、ルールは集団を守るものであると共に、それぞれの個人を守るものでもあります。生徒からすれば、ルールを守って生活するということは、集団を守ることでもあり、自分を守ることになります。そのことを繰り返し指導し、ルールを守って生活することの大切さを理解させましょう。
　ただ、「そうは言っても…」というものが中学校の現場です。不要物は持ってきていないか、服装は乱れていないか、時間を守って生活しているか…。生活指導にはきりがありません。生徒にとって（生徒に限らず、大人にも当てはまりそうですが）「ルールを守ることの大切さを理解している」ことと、「ルールを守る」ことの間には深い溝があります。この溝は、何か特別な工夫や特効薬で埋められるものではありません。埋めては崩れ、崩れては埋めるという繰り返しをしていくしかないのです。ただ、埋めるのを止めれば、溝は確実に深く、広くなっていくことは述べるまでもないでしょう。
　「ルールをきちんと守らせる」にあたって、効果の高い手立てを2つ述べます。
　1つ目は、学年集団としての取り組みです。
　「ルールをきちんと守らせる」ためには、基本的に強制力が必要になります。もちろん、自ら考え行動し、その結果としてルールに従った行動ができるなら結構なことですが、その力を伸ばすためには強制力によって「ある程度の型」を学ばせることが不可欠です。

ところで，先生1人の強制力は強いものではありません。若かったり，経験が浅い先生であればなおさらでしょう。これをカバーするために，学年の先生が協同して指導していく体制が必要です。

　担任の先生としての指導のポイントはシンプルです。学年（学校）で決められたきまりを「学年（学校）で決まったルールだよ，どのクラスも同じだよ」と伝えて守らせることと，ルールを守らせることが難しくなったら，すぐに学年の先生に相談する，ということです。時にはルールには修正が必要な場合もあります。経験の浅い先生にこそ「うまくいかない」という声を上げて欲しいところです。ぜひ，遠慮なく相談しましょう。

　2つ目は，「ルールの妥当性」，「先生の注意の妥当性」を整理しておくことです。中学生は理屈にこだわります。大抵は自分の思い通りにしたいがための理屈ですが，これには大人の理屈で対応しましょう。

先生：はい，名札は付いているかな。また忘れている人がいますね。ダメですよ，名札をしなくちゃ。

生徒：何で名札しなくちゃならないんですか。皆，名前くらい分かりますよ。

先生：いい質問だなぁ。私もそう思う。年度の初めは意味あるけど，もう11月だもんね。やめちゃうか，名札。

生徒：…いいんですか，そんなこと言って。

先生：いやいや，合理的な理由や妥当性のないルールの方が悪い。やめちゃおう！　でも，年度の初めは必要だよね。これはどうする？

生徒：1学期までは名札を付ける，っていうのでどうですか。

先生：グッドアイデアだね。でも，クラスならともかく，うちの学年は5クラスあるから，学年で考えるともうちょっとかかる人もいるかも知れない。

生徒：じゃあ，10月まで。

先生：ちょっと待った。9月に転校生が入ってきたらどうするの。君た

　　　　　ちはすぐ覚えられるだろうけど、転校生にとっては酷じゃないの，
　　　　　１か月で全部覚えろっていうのは。
生徒：２年からは名札なしっていうのはどうですか。
先生：新しい先生がやってくるよ。
生徒：じゃあ，ダメじゃないですか。
先生：ルールはだてに決まっているわけではないんだね。いろいろ考慮
　　　　　すれば，ルールは「いつも名札を付けること」が一番合理的。だ
　　　　　から私は「ちゃんと名札を付けなさい」って繰り返し言っている。

　きちんと合理的な説明をすることは簡単ではありません。たかが名札，されど名札です。なお，考え方の道筋を示して納得させることが目的であって，「大人の理屈で生徒を言い負かす」ことが目的ではありません。十分気を付けて下さい。
　以上，「ルールを守らせるための工夫」を２点述べました。関連する内容を **POINT 11**（p.145～）でもまとめてありますので参考にして下さい。

〇学習に集中できる環境にあること
　「学習に集中できる環境にある」ということは，楽しいことと勉強との切り替えができている，ということです。「やるべき時にやるべきことをやる」，「楽しむ時はしっかり楽しむ」という，メリハリを付けた学校生活の心構えができている状態とも言ってよいでしょう。
　私の経験では，いじめに限らず，人間関係のトラブルが大きな問題になる時は，テストや行事，部活動が一段落した頃でした。諸行事などでやるべきことがたくさんある時には，生徒自身も自分でメリハリを付ける必要があります。取り組むべき大きな目標のないルーティンが続くような時にこそ，深刻な問題が起きやすいのです。
　ここから考え起こせば，ルーティンの中でもメリハリをきかせて生活できるクラスは，いじめなどの人間関係のトラブルを回避する力を持っていると

言えるでしょう。

　この「メリハリ」をきかせて生活できているかどうかが，最もはっきり分かるものが，学校生活における授業です。メリハリがきかないクラスでは，休み時間と授業時間の区別がつかず，チャイムで着席できなかったり，落ち着かない生徒が授業を騒がしたりすることになります。

先生：皆の中で，勉強が好きだ，授業が好きでたまらない，授業が生きがいなんです，という人はいますか（笑）。

生徒：絶対いません！（笑）

先生：そうだね。授業は基本的に「ガマン」だ。じっと座って，人の話を50分聞くのは，私も辛い。そうやって辛抱している中で，いろんな知識を覚えたり，技能を身につけたりしていくわけだけどね。ところで，風邪引いて学校を休んだりして，授業を受けていないと，教わっていない所がとても難しく感じることってないかな。

生徒：小学校の時，３日休んで落ちこぼれたことがある！（笑）

先生：かわいそうに。今はその３日間を何とか取り戻せたかな。

生徒：たぶん（笑）。

先生：それはけっこうでした。そんなわけで，授業を受けている時は何でもないように感じるけど，授業って案外大事だということが分かるでしょう。だから，私は皆に授業を大切にして欲しいのだなぁ。休み時間と授業の区別がつかずに，チャイム着席できていない人，いませんか？　行事が近いからといって，気もそぞろになっている人はいませんか？　私は楽しいことが大好きだから，皆にも「楽しむ時にはうんと楽しんで欲しい」と思います。でも，同時に「やるべき時にはやるべきことをしっかりやる」姿勢を大事にして欲しいと思います。特に，授業になったらしっかり切り替えをする。これができるようになって欲しいと思います。ちなみに，こういうクラスを「メリハリのあるクラス」と言います。リピー

> トアフターミー。メリハリのあるクラス！
> 生徒：メリハリのあるクラス！
> 先生：これを目指しましょう。だから，先生も授業中にくだらない冗談を言わずに授業に集中したいと思います。
> 生徒：えーっ！

「学習に集中できる環境にある」ということは，「勉強をしっかりしたい」という真っ当な願いを持った生徒が，不当に嫌な思いをしていないということの証でもあります。

このような意味でも「学習に集中できる環境にある」ことは，生徒が安心して生活するための学級の重要な要件なのです。

〇自分のクラスに誇りが持てていること

12～15歳の生徒であっても，40人も1つの生活空間に集えば，互いにそりが合わないという関係が生まれることは当然です。また，担任の先生との相性の良し悪しが出てくることも，ある程度仕方のないことです。このような人間関係の不全感をカバーしてくれるものが「クラスとしてのまとまり」です。「クラスのまとまり」を持たせるためには，自分のクラスに対する自信と誇りを持たせることが大切です。

> 月曜日の朝は，疲れた顔している生徒が多いけど，うちのクラスの人は元気ですね。月曜から元気なクラス，すばらしいですね。先生が一番疲れた顔してるかも知れないな，いかんいかん。

> 昨日，ちょっと風邪気味で午後休ませてもらったのですけど，そしたら，今日の生活ノートに「先生が具合が悪くて早退してしまいました。大丈夫ですか」なんていう励ましの言葉をたくさん書いてもらいました。「担任思いナンバーワン」のクラスですね。こういうクラスの担任は幸

せだ。あ，私か。

先生：今日は，かなり1日の予定が忙しいけど，大丈夫かな。
生徒：だめでーす（笑）。
先生：いやいや，そんなことはない。先週の水曜日は午前に保育実習があって，午後クリーン作戦，放課後には委員会活動があったじゃない。
生徒：あの日は忙しかったなぁ。
先生：あの時，私も心配していたんですよ。でも，給食の準備も学年で一番早かったし，帰りの学活も一番に終わりにできたよ。うちのクラスはそういうクラスだから，大丈夫。ちゃんとやれますって。

　明日はいよいよ体育祭ですね。私が言いたいのは1つだけです。競技と応援，特に応援に全力を尽くして下さい。
　私は2年6組の担任であることを誇りに思っていますし，皆さんにもこのクラスの生徒であることを誇りに思って欲しいと思っています。自分と同じ教室で生活している仲間を思いやって，しっかり応援して欲しいと思います。君たちならそれができでしょう。できる人たちだと思いますよ。それができれば，結果はちゃんと付いてきます。
　大会が終わったら，最後に皆で一緒に笑顔のクラス写真が撮れるように頑張りましょう。

　年度末に文集などで書かれた生徒の言葉を読むと，多くの生徒が自分のクラスがよいクラスでよかったという感謝の気持ちを書きます。（どのクラスでも同じだと思います。）心の底から本当にそのように感じているのかどうかは分かりませんが，間違いなく言えることは，生徒は皆，年度初めから年度末に至るまで，常に自分のクラスが「まとまりのある，よいクラスであって欲しい」と願っている，ということです。ぜひ，その願いに応えてあげま

しょう。クラスとして自信を持たせ，誇りを持てるような言葉を使いましょう。例えば機会あるごとにこんなふうに伝えます。

> 「先生は心配していないよ」，なぜなら「あなたたちならできる」から。うまくいかなかったけど，「十分ではなかったかも知れないが，精一杯やった」のだから「自分たちがやってきたことを誇りに思いなさい」。

先生のこのような言葉によって，生徒が自信や誇りを共有し，クラスとしてのまとまりの意識が高まります。「まとまりのあるよいクラスであって欲しい」という生徒たちの願いがだんだんと叶えられ，安心して生活できる学級の雰囲気が自然と生まれてくるのです。

❷ 観察，声かけ，全体指導

1）観察，声かけ

いかに予防的な指導を行っていても，いじめを100％防ぐことはできません。むしろ気を付けなくてはいけないことは，「いじめを起こしてはいけない」という気持ちに引き留められて，判断が遅れ，事態を悪化させてしまうことです。

本項の最初に述べておいた通り，どれほど予防していても起こりうるものがいじめです。早めにいじめと判断し，適切な対応をすることを躊躇してはいけません。問題を最小限に止めるためにも，判断に迷ったら，「いじめの疑い例」として認識し，組織的な取り組みで対応しましょう。結果として，いじめに至る前の段階で収められたり，トラブルが小さいうちに解決に結び付けられたりすればそれに越したことはないのですから。

では，生徒の様子をどのように観察し，声かけするか，具体的な場面で考えてみましょう。

生徒はしばしばお互いにじゃれ合いをしたり，突っ突き合いをします。教室内を走ったり，プロレスをするなど危険性を伴うものであればすぐに止め

る必要がありますが，じゃれ合いのすべてを押さえ込む必要はありません。じゃれ合いは子ども同士の重要なコミュニケーションの1つです。先生の介入は，時に子ども同士の人間関係づくりを邪魔してしまうことにもなります。

ただし，じゃれ合いの形をとったいじめではないかどうかを注意深く観察する必要があります。私の経験では，〔青信号〕である判断は「短時間で終わる」，「1日に何度も繰り返されない」，「明るく楽しい雰囲気である（互いに嫌がっている様子がない）」，「先生が注意すればすぐ収まる」といったところです。

これが〔黄信号〕に変わるのは，「長時間やっている」，「1日に何度も繰り返される」，「どちらか一方が嫌そうな様子を見せている」，「周囲の生徒が嫌がっている」，「先生が注意して収まってもすぐに繰り返される」というサインです。このどれかに気付いたら，すぐに対応しなければなりません。

他の生徒に気付かれないように，嫌な思いをしているのではないかと感じている生徒（Aくん）をそっと呼び，率直に聞きましょう。

> あなたを呼んだのは，他でもないんだけど，今日，昼休みにBくんと遊んでいたのを見てちょっと心配になってしまった。Bくんとやりとりしていて，Aくんが何となく嫌がっているような気がしたのだけど，どうかな。

もしも，嫌な思いをしていると訴えたら，初期のいじめと考え，事実関係を確認するなどの対応をしましょう。一方で，いじめを否定した場合も，そのままの通りに受け取るべきではありません。

> そうですか。見ていて何となく心配だったから話を聞いたのだけど，安心したよ。まあ，ちゃんと先生も見ているから，困ったことになりそうになったら早めに相談して下さい。1つ約束して欲しいんだけど，「我慢しない」でね。いいかな。

> それから，今，先生に呼ばれて話をしていることについて，他の生徒に「何で先生に呼ばれたの」と尋ねられて，答えに困るようだったら，「PTA関係のことで先生がお母さんにお願いしたいことがあるんだって」と答えておきなさいね。

　ここでは，生徒が先生に相談しやすいように声かけを2つ工夫しています。1つは「我慢しないで」という言葉です。「嫌な思いをしている」と担任に訴えることは，勇気のいることです。「嫌な思い」は小さなものでも構わない，と相談へのハードルを下げる一言です。
　もう1つは，生徒への細かい配慮です。生徒は先生に個人で呼び出されることを嫌います。まして「いじめられているのじゃないかって先生に心配されて呼び出された」とは友達に言いづらいでしょうし，生徒によっては不名誉に感じることでしょう。上述のような配慮は，相談者である先生に対する信頼を増すものになるはずです。
　なお，生徒間のトラブルについて，生徒の問題行動防止の視点から**POINT 11**（p.145～）にもまとめてありますので参考にして下さい。

2）全体指導

　いじめを防ぐための全体指導としては，心や態度を育てる道徳や学活など，担任の先生が授業として学級に関わる時間が大切です。これに加えて，学級や学年の生徒の雰囲気の変化を的確にとらえ，機会を見つけていじめの防止に直接関わる指導をすることも必要です。
　このような指導で生徒に伝えたいポイントは「担任として危機感をもって心配しているということ」，「いじめの行為を具体的に指摘すること（意図しなくても，いじめにつながってしまうことがあること）」です。

> 今日，ちょっと心配なことがあったので，聞いて下さい。廊下に手紙が落ちていました。ノートの端に書かれて小さく折られた手紙です。廊

> 下に落ちていただけですから，このクラスの生徒が関わっているのかどうか分かりません。ただ，内容が気になったので話をします。
> 　その手紙に書かれていることはここでは言いませんが，読み方によっては人を傷付けかねない内容でした。書いている本人は否定するかも知れないけど，私は「人を傷付ける可能性がある内容だ」と受け止めました。うわさ話，推測の話，書いている方は考えなしに書いているかも知れませんが，書かれる方の気持ちにはなっていないと思いますね。よくないことです。
> 　こういう手紙のやりとりは，私はお勧めしません。このようなやりとりは，繰り返していると必ず内容がエスカレートします。ここにある手紙については，誰が，誰に宛てて書いたものか，調べるほどの内容ではないと思います。けれども，今後，そのようなことをしなければならないほど内容がエスカレートするかもしれない。それが心配なのです。なぜなら，それはいわゆる立派な「いじめ」だからです。
> 　手紙のやりとりについては，ぜひ「自重」して下さい。「自重」の意味がわかるかな。自分でよく考えて慎む，ということです。

　「手紙禁止」は現実的な指導ではありませんので，牽制球レベルにしました。考えなしに人を傷付けることの怖さを知らせることは必要です。
　次に，人に怪我させたり，物を壊したり，言葉で傷付けることで思いもよらない事態を招くこともあることを伝えたいと思います。

> 　皆さんの行動について，私が最近気になっていることがあります。全員に関係のあることですから，しっかり聞いて下さい。
> 　小学校時代に戻ってしまったのか，誰ということではなく，皆して互いにちょっかいを出し合う様子が目立ちます。行動でも，言葉でも。
> 　こういう「ちょっかいの出し合い」は，しばしば，どちらかが本気のけんかに発展したり，深刻な仲違いになってしまったりします。

皆さんは小学生ではありませんから，身体も大きくなっていますし，自分で気付かないかも知れませんが，力も付いてきています。私は，何かの拍子に，強い力が入ってしまって相手に怪我をさせるようなことにならないか心配なのです。
　それから，自分で気が付かないかも知れませんが，言葉も増え，理屈も分かるようになってきています。これは，うっかりして人を傷付ける言葉を使ってしまう可能性が増えている，ということでもあります。これも心配です。
　もしも人に怪我をさせてしまったり，人の物を壊してしまったり，言葉で傷付けたりしたら，「いじめのつもりじゃなかった」と言っても通用しないかも知れません。だって，暴力をふるったり，人の物を壊したり，人を傷付けるような言葉を言ったという事実は取り消せないのですから。
　行動を起こしたり，言葉を発する前に，ちょっと考えて下さい。自分の感情で動く前に，ちょっと待って下さい。そして，考えて下さい。これをしたら，これを言ったら，相手の身体や気持ちをどのように傷付けるか。それを考えて欲しいのです。

いじめの防止に関わる２つの話をしました。
　ところで，私は小学生の頃，担任の先生にこんな話を聞かされ，大いにショックを受けたことがあります。その先生は生徒を怖がらせながら昔の話をすることが上手で，戦争に行った時の話や教え子の話などが得意でした。
　その先生が，こんな話をしてくれました。

　ある男の子と女の子が横に座っていた。女の子の横には列があって，その列の横にはまた男の子と女の子が座っていた。ちょうど今の皆みたいにね。
　その日，男の子が列の向こうの男の子に向かって，「定規を貸してく

れ」と言ったんだな。そしたら，向こうの男の子が「ほら」と投げてよこした。定規は間に座っている女の子の目をかすめた。女の子は泣き出し，男の子は謝った。
　先生は学校が終わった後，その女の子が泣いたことが気になって仕方なかった。家に帰った後も，気になってしようがない。
　結局，夜になって，女の子の親を拝み倒して眼医者に連れて行ってもらった。医者は「今日でよかった。明日なら失明していたでしょう」と，話していた…。
　この時はこれで済んだからよかった。先生が昔勤めていた学校では，男の子同士がけんかして，「大ごと」になった。片方の男の子が相手の目を棒で刺して失明させてしまった。怪我をさせた男の子の家では畑を売り払い，補償したけど，全然足りない，と言う。怪我をさせた男の子は，もう30歳くらいだけど，今でも毎月の給料の中から，補償金を払っているんだ。皆もけんかするなら「大ごと」になる覚悟をした方がいい。

　先生の話の真偽のほどは分かりませんが，私は子どもなりに震え上がって「二度とけんかをするまい，気を付けなければ」と反省したものでした。
　現在，多くのいじめの事件が報道され，裁判になるケースも珍しくありません。いじめを受けた側の辛さや憤りは，察するにあまりあるものがあります。同時に，いじめの加害者となることで起こる「大ごと」も十分想像できます。
　私はこのような社会状況について，中学生も知識として知っておいた方がよいと感じています。必要以上に人間関係について萎縮させたり臆病にさせたくはありませんが，被害者の受ける辛さと共に，加害者となることで起こりうる「大ごと」についても無知であってはいけないと考えます。話し方，話の内容，タイミング，そして生徒の実態などに配慮しながら伝え，自分の行動について客観的に考え，判断することができる機会を与えたいものです。

4. 起こってしまったいじめに適切に対応するために

❶ 組織的対応・緊急的な抑止が必要ないじめに対応する

「明らかないじめ」について先に述べておきましょう。いわゆる〔赤信号〕のいじめです。

暴力や脅迫，物的被害を伴う生徒間のトラブルについては，緊急的な抑止が必要です。すぐに学年の生徒指導担当や学年主任に相談し，学校長の方針のもと，双方の保護者への連絡や話し合いなど，対応を急がなければなりません。外部機関への連絡など，速やかに手当てしていくことにもなりますので経時的に事実関係を文章でまとめ，求めに応じて示せるようにしておきましょう。

また，いじめが翌日以降も継続して発生する恐れのある場合，被害を受ける可能性のある生徒の安全確保を確実なものにすることが絶対に必要です。担任や学年の先生が対象生徒から離れないようにすると共に，学校の生徒指導担当や教育相談担当の先生の力を借りるなどして「目の届かない時間」を作らないようにしましょう。

このような事態に対しては，教師個人ではなく，学校全体での組織的な対応が必要になります。「生徒を守る」という視点のもと，管理職や担当の先生の指示に従って，危機感をもって対応しなければなりません。

❷ 組織的対応・いじめは複数の目で判断する

担任の先生とクラスの生徒の関係は，意識せずとも密度が濃いものになります。このように関係が濃くなることによって，あることが起こりやすくなります。それは変化を見落としやすくなるということです。つまり「いつもと同じだろう」，「大丈夫だろう」という予断を持ちやすくなる，すなわち〔青信号〕と受け止めがちになるのです。

組織的な対応のよさは，複数の目で現状を判断できることです。ある先生にとって〔青信号〕に見えても，他の先生には〔黄信号〕に見えていたり，ひょっとすると〔赤信号〕に見える場合もあるかもしれません。「思い込み」

は，時として人の目を曇らせる働きがあることに注意をする必要があります。

　ここでは，恥を忍んで私が教員になりたての頃の経験をお話ししましょう。学級経営ではなく，部活指導での話ですが，上述した「予断」，「思い込み」で私が失敗したことですので，参考になると思います。

　私が顧問を務める部活動に所属していたAくんは，やや行動のゆっくりした生徒でした。その行動を他の部員にからかわれることもあり，私も気を付けて見る必要を感じていました。先輩部員からややきつい言葉を投げかけられ，何度か注意したこともありましたが，親切心で練習を教えている時もあるため，深刻には受け止めていませんでした。Aくんが楽しそうに部活に来ていたこともあり，「いじめ」があるとは認識していなかったのです。

　そのAくんは，しばらく後に担任の先生に連れられて私の所にやって来ました。担任の先生は，Aくんの訴えを聞き「いじめではないか」と私に相談に来たのです。Aくんが担任の先生に話した内容は，先輩たちからの指導についてではなく，同学年の生徒からの暴力でした。練習の準備や片付け，休憩時間など，私の目が届きにくいところでつねられるなどの行為があったそうです。「そんなことがあったのか」と驚いた私の声に，涙ながらに頷くAくんを見て，私は自分の失敗を恥じました。自分の目から見えているのは，全体のほんの一部にしか過ぎないということ，自分1人の目で生徒を見て判断することの難しさを思い知った出来事でした。

　いじめは複数の目で判断しなければなりません。1人の目で見えることには限りがあると覚えておく必要があります。

　現在，全国の多くの学校で「いじめアンケート」などを組織的に実施し，成果を上げています。平成24年9月に発表された文部科学省の平成23年度「児童生徒の問題行動等生徒指導上の諸問題に関する調査」によれば，いじめの3割近くがアンケートがきっかけになって発見されており，その割合も年々増えているようです。「複数の目」で判断するためにも，アンケートの結果は学年の先生方で読み合ったり，生徒指導や教育相談の会議の資料にするなど，いじめの早期発見や予防に役立てて欲しいと願います。

POINT 10 不登校の予防と対応

CHECK LIST!

- □ 明るく楽しい学級の雰囲気づくりに努めているか
- □ 欠席や遅刻が目立つ生徒に対して，意図的な働きかけをしているか
- □ 連続した欠席については，家庭訪問をするなど，保護者との連絡を密にすると共に，学年に相談しているか
- □ 不登校生徒への家庭訪問や電話連絡を定期的に行っているか
- □ 不登校生徒の机やロッカーの管理をすると共に，クラスとのつながりを絶やさないようにしているか

1. 不登校の理解

❶「学校で学ぶ」ということ

　不登校の予防と対応について考えるに当たって，まず私が影響を受けた言葉を紹介したいと思います。

　日本の思想家を代表する人物に吉本隆明という人がいます。この吉本隆明が，ある本の中で「自分にとっての学校」を振り返りながら次のようなことを述べています。

　自分にとって，家ではなく，地域でもなく，「学校で勉強したということ」そのものに意味があるように思う。学校で学ぶことにはプラスのこともマイナスのこともあるけれど（むしろマイナスのことも多いかも知れないけれど），「学校で覚えたり身につけたりすること」はどうしても学校でしか学べない，と感じるのだ，と。

　20年以上前に読んだ文章ですが，今でも印象深く覚えています。私自身が中学校時代に学校に行くことが辛くなった時期があり，「学校に行くことの価値」について悩んだ経験があったからであると思います。学校の集団生活では苦しく辛いこともあります。けれども，吉本隆明は，あれこれ思い悩む

よりも、まずは学校を「通過」してしまった方がいい、と言うのです。そんな思い切った発想に大学時代の私は、新鮮さと驚きを感じたのでした。

教師になってから、何度も不登校の生徒を担任しました。

「どうしても学校に行かなければならないのですか」。

「学校に通うことに本当に意味があるのですか」。

苦しい生徒の心の声を聞きながらも、私が「一緒にやっていこうね」と言葉をかけ続けられたのは、吉本隆明のこの言葉を支えにしたからです。

❷ 不登校の原因

不登校の原因となるものは様々です。

先生の暴言や体罰など、明らかに教員に起因するケースであれば、その責は教師、学校が負うべきです。即座に原因を取り除き、状況の改善を図らなければなりません。

けれども、不登校の原因は学校だけとは限りません。中学生は、子どもが大人になっていく端境期を過ごしています。生徒の育成環境、家庭環境、生徒の健康状態、生徒の精神発達の状態、学級の状況や担任との関係など、様々な要素が複合して原因になっていることがほとんどです。

自分のクラスの生徒が学校に来られなくなったことを思い悩み、自責の思いに苦しむ先生も少なくありません。その姿勢は大変立派ですが、ぜひ自分を責めすぎることがないようにして欲しいと思います。

先にも述べた通り、私は中学2年生の時に、学校に行くことが辛くなった経験があります。学校で責任のある役割を引き受け、重荷になっていたことが理由でした。けれども、その後に振り返って考えるならば、それはあくまで原因の1つでしかなく、当時自分が抱えていた家族の問題、自分自身の身体の成長や生活環境など、様々な原因が複合して現れたものだと思います。

中学生の不登校については学校だけ、あるいは家庭だけに責任を押し付けられるものではないと考えるべきでしょう。つまり、原因を取り除けばすぐに解決できる、という単純なものではないのです。

そうは言っても、「学校で皆と一緒に学んで欲しい」ということはすべての先生の願いです。生徒が不登校にならないように手立てを講じたり，もしも生徒がつまずいてしまった場合でも，担任として生徒が大人になるための手助けをしたりすることはできます。その手助けについて具体的に述べていきましょう。

2. 不登校への防止に向けて
❶ 学級の雰囲気づくり
よい学級の雰囲気は不登校のみならず，欠席を少なくしたり，問題行動を減らすためにも大切です。

「思いやりがあり」，「明るく健康で」，「互いを認め合う」よい学級の雰囲気は，どのような日常的な指導の中で生まれてくるのでしょうか。数例を紹介してみたいと思います。

その1　思いやりをもって接すること

Aくん！　昨日は大丈夫だった？　熱があったみたいだけど。

先生の奥さんも，昨日は熱があって大変でした。私はやさしいから夕食をみーんな作って，片付けまでしていたわってあげました。えらいでしょ。

皆も先生を見習って，Aくんにノートを貸してあげたり，勉強を教えてあげてね。授業で当てられたりしたら，皆が「Aくんは昨日休みでした」とフォローするとか，気を配ってあげて下さい。

休み明けは心細いものです。思いやりを行動に表せるように声をかけましょう。

その2　欠席のないことを楽しむこと

皆さんは誰も気付いていないと思いますが，実はこのクラスは15日間

> 無遅刻無早退無欠席です。学期初めは案外緊張して疲れて休んでしまう生徒もいたりしますが、皆さん、いい調子です。
> 　皆さんが社会に出た時、中学校で学んだことはとても役に立ちますが、中でも遅刻、早退、欠席をしないという心がけは最も役に立つものです。例えば、会社勤めをしていて、「今日休みます」、「明日は遅刻です」なんてことを繰り返してたらクビになっちゃうでしょ。
> 　熱があるのにムリして学校に来るようなことをする必要はありませんが、手洗いやうがいをしたり、夜だらだら起きてないで早く寝る、なんていうふうに体調の管理に気を付けることはとても大切なことです。
> 　この記録がどこまで伸びるか楽しみだね。

　「このクラスは欠席が少なくて、先生はうれしいなぁ。いつも出席簿なーんにも書く必要がないんだもの。先生思いのクラスですね」なども私がよく使う言葉です。

　まれに無欠席の「記録更新」にこだわり過ぎてしまう先生もいますが、あくまで「皆が居心地のよいクラス」のための全員出席です。目的をはき違えないようにしましょう。

その3　互いを認め合う雰囲気を作ること

　中学生は、もう大人です。それが嫌だと言っても、ダメです。もう半分以上大人なんです。

　大人になると、それぞれ自分の世界を広げるようになります。

　J－POPが好きな人もいれば、洋楽が好きという人もいる。一方で音楽にまるで興味のない人もいます。ゲームをやらないと生きていけないという人がいれば、そんなのは時間の無駄だという人もいる。読書が好きでたまらないという人がいれば、本を読んでるよりもスポーツをするのが好きだという人もいる。「自分の世界」は人それぞれです。

　何でこんな話をしているかというと、理由があります。

昔の話なのだけど，先生のクラスに，休み時間に教室で1人で本を読んでいる子がいた。そして，その子を馬鹿にするようなことを言った生徒がいた。私はものすごく怒ったね。

　「あなたに人のことがどこまで分かるのか。人がどういうものを，どんな気持ちで好きでいるのか，あなたに分かるのか。人のこともよく知らないで馬鹿にするということは，自分も同じように馬鹿にされても構わないということだ。そういう行為を卑怯と言うのだ」。

　その子はポカンとしてたけど，私が言いたかったことが皆には分かるかな。私が言いたかったのは，「中学生はそれぞれがそれぞれのやり方で自分の世界を広げていく。その広げている世界を，互いに否定したり馬鹿にしたりすべきではない」ということです。　本に没頭している人，野球のことばかり考えている人，絵を描いてばかりいる人，ゲームに夢中な人，アニメに夢中な人。
　互いにそういう相手の世界を尊重すべきだということです。積極的に理解しなくてもいい。ただ，否定したり馬鹿にしたりするべきではないということなんだ。分かってくれたかな。

　私のメッセージは，一言で言えば「大人になりなさい」というものです。多少難しい理屈を入れていますが，中学生が半分以上大人であるということは事実であり，このくらいの「語り」で，多くの生徒はそうだなぁと納得します。
　ところで，私は教室に「笹文庫（学級文庫）」を作り，自分が昔読んだ本や，最近読んで面白かった本を置いています。これはひとえに「1人で本を読むことが好きな生徒」が安心できる空間を作るためです。

❷ 欠席・遅刻・早退に注意

　不登校の具体的な防止方法について話を進めていきましょう。不登校の兆候にはどのようなものがあるのでしょうか。手元の資料を繰ってみると，いくらでも出てきます。

> 月複数回の欠席，遅刻，無気力，授業中の居眠り，早退，授業中の集中力欠如，学力低下，単独の行動の増加，疲れた表情，部活動の休み…

　確かにその通りでしょう。けれども，これらのいちいちを，不登校と結び付けて対応していくことは現実的には困難です。担任の先生は，この中のどこに最大の注意を払うべきでしょうか。

　それは「出席簿に記録される行動」，すなわち，欠席・遅刻・早退です。この3つは出席簿に記録されると共に，通知表にも記載されます。事実確認と生徒の様子を知るために，その日のうちに保護者と話しましょう。

（遅刻）Aくんからお聞きになっていると思いますが，今日は家を出る時にお腹が痛かったということで，学校に来るのが少し遅れました。その後注意して様子を見ていましたが，特に変わった様子はなく，給食も全部食べることができました。心配はなさそうでしたが…身体に関わることなので，一応ご報告させていただきました。

（早退）今日は体調が悪いということで，お迎えに来ていただいてありがとうございました。その後，Bさんの様子はいかがですか。…そうですか，本人はあまり帰りたそうではなかったのですが，明日，行事もあるので，大事を取ってということで早退させました。元気になってよかったですね。明日は午前は時間表通り，午後は学年の球技大会ですので，体育着とタオルを忘れないよう伝えて下さい。

（欠席）今朝はお忙しい中，欠席の連絡をありがとうございました。頭が痛いということでしたが，その後いかがでしたか。…そうですか，う

> ちのクラスでは欠席はCくんだけなのですが，隣のクラスでは5人も休みが出ていますので，風邪が流行りつつあるようですね。今日はゆっくり休ませて，明日に備えるようにお願いします。明日は時間表通りで，特別な準備は必要ないとお伝え下さい。

　翌日の連絡を生徒に任せたり，配付物を生徒に届けさせる先生もいますが，これは止めるべきです。連絡が欠席した生徒に届かない場合もありますし，連絡をお願いした生徒が，届ける最中に事故に遭わないとも限りません。
　先生自身が電話で，あるいは家庭訪問で対応すべきでしょう。
　また，原因のはっきりしない欠席や，体調不良であっても保護者が戸惑いを感じている場合，欠席が長期化する可能性があるので注意が必要です。「初期対応」についてはp.139をお読み下さい。

❸ 無気力・疲れた表情，部活動でのつまずき

　欠席・遅刻・早退に次いで担任が気にかけるべきものを挙げるなら，無気力や疲れた顔（表情の変化）でしょう。これは家庭で長時間ゲームをしたり，深夜番組を視聴したりしていることによるものが多数です。
　家庭によっては子どもの生活を適切にコントロールすることができず，深夜までゲームやテレビに興じる子どももいます。気付いた時点で生徒を個別に呼び，日頃の様子を心配していることを伝え，生活の改善を促しましょう。改善が見られない様子であれば，保護者に担任の見取りを伝え，心配していることを伝えましょう。このような生徒が遅刻や早退，欠席した場合には要注意です。時間を置かずに家庭連絡し，状況によっては家庭訪問を行うなど，すぐに指導を行う必要があります。
　この他に，担任が気を付けるべきことは部活動への参加の様子です。私が何度か経験したケースでは，部活動の人間関係（顧問の先生との人間関係の悩みも少なくありませんでした）が，学校生活全体に好ましくない影響を強く及ぼしました。生徒が抱えている部活動での悩みやつらさは，顧問の先生

には話しづらいことが多いのです。その分，担任の先生は生徒が相談しやすい立場です。「部活について，何か話したいことがあるんじゃない？」などという声かけで，心にあるつかえを表に出させましょう。もちろん，もとのように部活動に取り組めればよいのですが，相談の内容によっては，転部や休部，退部など，思い切った判断も視野に入れなければなりません。生徒の気持ちを大切にしながら，できるだけプラスの方向に進めるよう，背中を少し押してあげましょう。

　ところで部活に関する相談については，多くの場合，顧問の先生に話してよいかどうか本人に確認しておく必要があります。「なるほど。いろいろ悩んでいることが分かってきた。それで最近，部活を休むことが多くなっているんだね。今，話してくれたことだけど，先生も心配だから，顧問の先生に話をしてもいいかな。こじれないように，上手に話してみるけど」などと，生徒の考えを探りましょう。

　仮に「自分で解決できる」という答えであっても，放置してはいけません。本人の意向を踏まえながら，学年の先生に状況を話すなど，その生徒の様子を注意深く見ることのできる先生を増やしておきましょう。

3. 不登校の生徒への対応

　クラス全員が毎日元気に登校し，学校生活を楽しんでくれたら担任としてこれほど幸いなことはありません。けれども，様々な事情により，学校に来られなくなってしまう生徒が出てしまうこともあります。このような場合，担任としてどのように考え，対応したらよいでしょうか。
　ここでは，「初期対応」，「中期的対応」，「長期的対応」の３つに分けて考えてみましょう。

❶ 初期対応：スピーディーに，丁寧に

　欠席生徒への保護者連絡については先に述べた通りです。この際，欠席の原因について「はっきりしない」，「学校に行きたくないと言っている」など

という答えが返ってきたりしたら，学年の教育相談担当や生徒指導担当，学年主任などに報告し，対応を相談して下さい。

　一般的には，欠席が３日続くと，そのままずるずると欠席が続きやすくなると言われています。怠学傾向の生徒は，「楽を覚える」のに３日あれば十分です。また，身体や心の問題を持っている生徒が３日間も横になって過ごすようなことになれば，「学校生活に対応する体力や気力」が大きく減退してしまいます。人間関係に悩みを持っている生徒であれば，欠席が重なることで「ますます友達に会いづらくなる」状態が生まれます。

　それまでの指導経緯や，欠席歴，環境によって判断が変わりますので一概に言えませんが，できるだけスピーディーに家庭訪問をし，状況を把握する必要があります。学校に足が向かない原因や理由が分かれば，それを取り除けるように本人，保護者，担任の先生で知恵を出し合いましょう。担任の先生の温かい声かけだけで，背中を一押しされることも多くあります。また，保護者に対しては，学校としてできることについては何でも取り組むという姿勢を伝えましょう。本人はもちろんですが，保護者の困り感も理解する努力が必要です。

　残念ながら学校に来られない日がその後も続くようになってしまった場合，学年のバックアップを得ながら，早めにスクールカウンセラーや相談員と保護者との面談を設定して実施しましょう。これはその後の指導のあり方を決める上でとても大切です。例えば登校刺激を例にとっても，登校刺激をするべきか，控えるべきか，する場合にしてもどの程度の登校刺激をするべきかという判断は難しいものです。朝迎えに来て欲しいのか，友達に協力を求めたいのか，欠席連絡はどうするのか，家庭訪問はどのくらいすればよいか，相談室登校への希望があるか，外部の相談機関への相談希望があるかなど，担任１人では扱いきれない内容もあります。この相談には学年主任や教育相談担当の先生にも参加してもらいましょう。

　ところで，このように複数の先生が関わってきた時，担任の先生は場合によってどのように振る舞うべきか，戸惑ってしまうことがあります。組織的

対応の中，担任の先生が担任として関わりを持つことが難しい状況になるケースもあるのです。先輩の先生の経験やスクールカウンセラーの専門的意見に学びながらも，担任として「このようにした方がよいのではないか」という意見は持っておくように心がけましょう。

生徒に一番近いのは担任であり，同時に生徒にとっても頼りやすいのは担任だということをいつも忘れずにいたいものです。

❷ 中期的対応：生徒，保護者への定期的な連絡を

生徒が様々な事情によって学校に来られなくなってしまうことはとても残念なことですが，担任の先生が本人や保護者にしてあげられることは少なくありません。

初期の段階ではなるべく頻繁に，欠席が長くなってきても週に1回の家庭訪問は欠かさないようにしましょう。1か月を超える欠席が続く時期には，生徒は心理的に不安定になったり，行動も引きこもりがちになったりします。週に1回とは言え，担任と顔を合わせて話ができるということは，生徒にとっても保護者にとっても大きな意味を持っていることを忘れないようにしましょう。

この時期の指導のポイントは「細く長く」です。時には先生と顔を合わせることを嫌がる様子が見られることもあります。そのような時は，家庭訪問をなるべく短くし，「顔を合わせられただけで先生は満足。また来週会おうね」とすぐに切り上げるなど，ハードルを低くするようにしましょう。

家庭訪問の際には，面倒でも配付プリントを順番通りに整理し，学年通信や学級通信などは号数がすべて揃っていることを確認して封筒に入れ，そのまま渡せるように準備しておきます。留守の場合は，ポストへ投函することもあるからです。家庭訪問前には電話を入れるようにすると丁寧でよいでしょう。

また，この時期は生徒はもちろんですが，保護者も戸惑いや困惑を深める時期です。その結果として，保護者と生徒との関係が悪化しやすくなるので

要注意です。スクールカウンセラーや相談員との面接，教育相談機関への相談がまだであれば，引き続き相談を勧めたり，本人だけでなく，保護者への役に立ちそうな情報の提供に努めましょう。

　欠席の期間が長くなってくると，給食費や学年費の徴収をどうするかなど，シビアな問題も出てきます。先生自身もスクールカウンセラーや学年の先生に相談するなど，1人で抱え込まないように心がけましょう。

❸ 長期的対応：クラスとのつながりを大切にする
　長期にわたって学校に来られなくなっている生徒を，クラスの一員として扱い続けることは，担任が守るべき基本的な態度です。特に名簿や座席，クラスでまとめる文集などに，対象の生徒を含めることを忘れないようにしなければなりません。

　また，教室で生徒の机がほこりをかぶっていたり，プリントが無造作に突っ込まれているようなことにならないよう気を配る必要があります。まして教室の隅に置かれて物置になっていたりするようなことがあっては絶対になりません[*3]。

　これは相談室などに登校している生徒についても同じです。相談室登校の生徒については，同じ校舎にいるにもかかわらず，ついつい担当の先生任せにしてしまいがちになります。最初のうちはともかく，長期にわたってくると，生徒の様子を見に行ったり，声をかけたりすることがおろそかになるばかりか，時には家庭訪問も相談室担当の先生に頼り切り，などということにもなりかねません。

　不登校状態になっている生徒，相談室登校の生徒のいずれもクラスとのつながりが薄くなっています。担任の先生が，これらの生徒とクラスとのパイプ役を上手に果たす必要があります。

[*3]　文集や机については，本人や保護者から扱いについて希望があることもあります。基本的には希望を優先するべきですが，「担任としての気持ち」も上手に伝えたいものです。

また，クラスの生徒にも，顔を見ないクラスメートのことについて，思いを寄せる機会を持たせたいものです。クラスに状況を話す場合には，保護者，本人に事前に了解を得る必要がありますが，あるケースでは私は次のように生徒に語りました。

> 　先生は皆よりも長いこと生きていますので，学校や社会の中でいろいろな体験をたくさんしてきました。思うようにいったこともあるし，思うようにいかなかったこともあります。思うようにいけばうれしいし，思うようにいかなかった時には自分を責めたり，苦しくなったりしました。まっすぐ歩いてきた訳ではなく，ずいぶん回り道もしてきました。
> 　世の中の大人は皆，先生と同じです。迷うことなくまっすぐ大人になったという人はいないんですね。迷ったり，戸惑ったりすることで，人は成長するものなんだと思います。
> 　皆さんが知っての通り，Ａくんが学校を休んでいます。さっき先生が言った「思うようにいかない」ところなのだと思います。先生はいつでも皆さん１人１人の味方であろうとしていますが，Ａくんに対してももちろん同じです。皆さんも心配しているでしょうが，今のところは，「Ａくんと先生が話し合いながらいろいろなことを考えている」ということを知っておいて下さい。私は毎週，家庭訪問をしてＡくんに会って，クラスの様子なども話しています。
> 　今は先生がＡくんの力になってあげているところですが，ひょっとしたら，そのうち皆さんの力を借りたい時が来るかも知れません。その時が来るまで，皆でしばらく待ってあげましょう。

　このような話をすると，クラスの生徒の心が和らいだり，温かい空気が生まれるように感じます。担任の先生が，学校に来られなくなっているクラスメートとちゃんとつながっているということに，クラスの生徒が安心するのだと思います。学級の一員であることをそっと思い起こさせること，それは

担任の先生の大切な役割です。

　本人，保護者との関係を深めながら，クラスとのつながりを持たせることで，終了式や卒業式など，大きな行事への参加に向けた後押しができれば最高です。私は，卒業式が近付いた3月に，ある不登校の生徒を卒業式に出席させたいために毎日のように家庭訪問をしたことが忘れられません。この生徒が卒業式に出られた時の喜びは何にも変えがたいものでした。

　生徒に一歩踏み出させるための道のりは，時にはとても長いものになるかも知れません。けれども，先生が生徒を信じ，成長を願って根気よく指導を続けていけば，生徒にも，そして先生にも必ず光が差すものと信じていたいものです。

POINT 11 学級経営と問題行動

　本章では，学級の生徒の「問題行動」に対する考え方と対応について考えてみたいと思います。ここでは「問題行動」を広くとらえ，生徒間のけんかやトラブル，いたずらから，非行までを含めます。教員経験の浅い先生にとっては，最も頭を痛めている課題の1つであることは間違いないでしょう。どのようにしたら，生徒の問題行動に対応していくことができるか，一緒に考えてみたいと思います。

CHECK LIST!

- □ 生徒は誤りをするものだという前提に立っているか
- □ 問題行動を予防する手立てを打っているか
- □ 失敗に学ばせる指導を心がけているか
- □ 個別指導と全体指導を使い分けているか
- □ 問題行動の未然防止，発生時に組織的な対応をしているか

1. 生徒は「ことをし損じる」もの

　教育関係のウェブサイトを眺めていた時に，「生徒はことをし損じる」という言葉を見たことがあります。上手な言い方をするなぁと思いました。確かに，生徒はまだまだ子どもであり，間違えて当たり前，知らなくて当たり前のことがたくさんあります。

　ところで，責任感の強い若い先生の中には，生徒が間違いを犯すことを自分の責任のように感じ，その責任感の裏返しから失敗した生徒を責めてしまうことがあります。強い責任感を持つこと自体は立派なことですが，ちょっと歩みを止めて，私たちの過去を思い出してみましょう。

　例えば，私が自分の中学校時代を振り返ってみると，過ちや間違いの連続でした。今思い出すだけでも，いてもたってもいられないくらいに恥ずかしくなってしまうようなこともありました。読者の皆さんも，私ほどではない

にせよ、「ことをし損じ」て成長してきたのではないでしょうか。

　先に述べた通り、中学生はまだ未熟な存在であり、試行錯誤をしたり、3歩進んで2歩下がる歩みを繰り返したりしながら大人に近付いていくものです。担任の先生は毎日指導し、接しています。日常の中でのわずかな成長には目が留まりづらいかも知れません。けれども、どの生徒も長いスパンで見れば必ずそれなりの成長を遂げているものなのです。

　「生徒はことをし損じる」ものであること。その成長は長い年月を経て形になっていくものであること。その前提に立つことが「生徒の側に立って物事を考えること」ではないでしょうか。このように考えれば、生徒が失敗や誤りをしないよう心を砕くことも大切ですが、教師の仕事の真骨頂は、生徒に失敗や過ちから何をどのように学ばせるのかということであることが分かるはずです。

2. 生徒が「ことをし損じ」ないように…問題行動の未然防止

　「生徒はことをし損じる」ものですが、しなくていいような「つまらない失敗」を、教師の不手際や配慮不足でわざわざさせる必要はありません。

　生徒の「つまらない失敗」は、実は担任のちょっとした心がけで未然に防ぐことができます。その例のいくつかを挙げていきましょう。

❶ 掲示物の工夫

　私は簡単に破損するような掲示の仕方を避けるようにしています。ラミネートを活用して、多少乱暴に扱っても破損することがないようにすればよいのですから、簡単です。また、生徒の行き来の多い廊下側の壁の掲示物は傷みやすく、破損しやすくなります。

> 「Aくんがポスター破りました」、「やってないよ」、「ウソ、あんたが通った後、破けたんだよ」、「違うよ、もともと破けてたんだよ」。

こういう事態を避けるため，教室前面のスペースや後ろのスペースを上手に活用するなど掲示場所を配慮して，「破損されづらい掲示」の工夫をしましょう。
　また，しばしば大きな問題になってしまうことに，教室に掲示された写真への落書きやいたずらがあります。これは担任の配慮で簡単に防ぐことができます。写真をラミネートして掲示する，ラミネートできない写真であるなら，クリアファイルに入れて掲示することが正解です。さらに，高めの場所に掲示したり，掲示期間を短くするような配慮も大切です。落書き・いたずらが起こるのは，大抵の場合「生徒がいたずらをしたくなるような場所」に，「無造作に長い間，貼られている」ケースがほとんどです。

> 掲示物は，貼ることよりもはがすことが大事。

　これは私が経験の浅い頃，先輩の先生に教わった言葉です。余計な掲示物は極力貼らず，期間を過ぎた掲示物はすぐにはがす。この些細な心がけによって，どれほど教室掲示が整然としたり，いたずらや失敗の防止につながったりしたことかと思います。
　生徒にとって居心地のよい教室環境。生徒につまらない失敗をさせないためにも，担任の先生が一手間かけましょう。

❷「生徒が勝手に見た」は通用しない

　「これ教室に持っていっておいてくれる？」。
　係や日直にお願いすることがありますが，生徒に見せられない資料を渡さないように気を付けなければなりません。成績を記した個人資料や，作文用紙，記入済みのアンケート用紙などをうっかり渡してしまい，「生徒が勝手に見てしまった」などということがないようにしましょう。こういうケースは，100％教師側のミスです。
　先生が記録用のノートを教室などに置き忘れることにも十分に気を付けま

しょう。私は、生徒指導などに守秘義務の高い情報を書き込むノートと、予定程度のものを書くノートの2種類を使います。前者のものは原則として職員室から持ち出さないようにしています。

職員室の中でも気を遣うべきことがあります。職員室の上に書類やテスト、生徒の提出物を広げておくことは不注意な行為です。「生徒が目にしてしまった」などという事態を避けるためにも、席を離れる時は机の上に気を配る癖を付けましょう。

❸ 人の物を壊させない

教室は物が壊れる場所です。元気ざかりの子どもたちが集まっている空間ですから、多少はやむを得ないことだと思います。ただ、友達の物を壊してしまうようなことは避けなければなりませんし、壊されないように注意させる必要もあります。

そこで私はこんな話をします。

皆は、これまで学校で自分の大事な物を壊されてしまった、ということがあるかな。

実はこれは私が先生になって間もない頃のことなんだけど、ある女の子のキーホルダーを、隣の男の子がいじっていたら壊れてしまったことがあった。そんなに悪気があったわけではなく、ちょっと引っ張ったら折れちゃったんだね。

ありふれたキーホルダーだったのだけど、女の子にとっては思い出のある、大事なキーホルダーだったらしい。

先生も、泣きじゃくる女の子を慰めるのに苦労しました。壊しちゃった男の子も反省して謝ったんだけど、なかなか許してもらえない。

結局、先生と男の子とで、女の子のお家の人に謝ったんだ。ちょっとドキドキしながらね。謝りに行った。

どうなったか。

私は，その時のお母さんの言葉が忘れられない。
「先生，壊されてそんなに悲しい物を学校に持っていったうちの子が悪いんです。せめて壊されないような場所に置いておくべきだった。だから，謝ってくれたんだし，気にしないで欲しい」。
　このお母さんはえらいと思った。それと同時に，私は，担任としてクラスの皆に申し訳なかった，とつくづく反省した。ちゃんと皆に言っておくべきだった。
　だから，今，言います。
「自分の大切にしている物は学校に持ってこないで下さい。壊れ物は，壊れないように，壊されないように自分で管理をしっかりして下さい」。
　もちろん，わざと壊せば犯罪行為とも言えますから，許されません。そんなことがあれば，先生はどんな言い訳をしても，味方になるつもりはありませんので，悪しからず。人の物を壊した方が悪いに決まってます。
　けれども，人がたくさん生活している場所では，意図しなくとも，人は人の物を壊してしまうことがあります。ですから，繰り返しますよ。
「自分の大切にしている物は学校に持ってこないで下さい。壊れ物は，壊れないように，壊されないように自分で管理をしっかりして下さい」。

　人の物を壊すことはもちろん悪いことですが，同時に物を壊されないように心がけさせることも大切なのです。

3. 生徒が「ことをし損じ」たら…失敗に学ばせる指導のために
❶ けんかの指導をする
　普段は仲のよいAくん，Bくんが，帰りの学活が始まる直前にけんかをし，Aくんがかっとしてちゃんの鉛筆を折ってしまいました。
　とりあえず帰りの学活を終え，泣いているBくんを慰め，部活に行かせた後，Aくんを呼び出しました。

さあ，先生はどんな話をしますか。
　問題行動の指導において，最初に確認するべきことが大きく言って2つあります。
　まずは事実の確認です。誰が，いつ，何を，どのようにしたか，事実を明確にし，メモします。この際，言い訳やその時の気持ちなどは聞かず，事実だけを確認するようにしましょう。往々にして，子どもは自分の気持ちを話しているうちに，事実そのものもねじ曲げてしまうことがあるからです。
　次に尋ねることは，「自分のしてしまったこと」に限定して，そのことを「悪いこと」だと思っているかどうか，確認することです。この段階では「気持ちや理由」を聞く必要はありません。行為についての善悪のみの確認をするように注意して下さい。このような話の仕方で，ほとんどの場合は，行為そのものについては「悪いこと」だと認めることができます。

先生：分かった。事実はかくかくしかじかで，その事実については，どうなんだい。正しいことなのかい。
生徒：正しくない。でも…。
先生：「でも」は，後でちゃんと聞く。ここで聞きたいのは，鉛筆を折ったことについて，「正しい」と思っているのかどうか，ということ。
生徒：…正しくない。
先生：正しくないことをしたのだから？
生徒：自分が悪かった。
先生：鉛筆を折ったことについては，「悪かった」と分かっているわけだね。
生徒：…はい。
先生：でも，先生は理由なく君がこのようなことをするとは思えないのだけど。その訳や理由を聞かせてくれる？

今度は理由や気持ちをしっかりと聞く時間です。口を挟む場合は，「そりゃ悔しかったね」，「なるほど，そういう気持ちは分からないでもないな」などと共感的に聞きましょう。
　ここまでで，「事実」，「行為そのものの善悪の判断」，「気持ちや理由」について生徒に話させてきました。
　今度は先生がまとめる番です。どうしましょう。

先生：君がＢくんの鉛筆をふざけ半分で折ってしまって，そのことについて「悪かった」と言ってくれたのは，率直に言って頼もしいと思った。中学生らしい判断だと思う。小学生なら，自分がどんなに悪くても「自分は悪くない」って言い張るからね。
　それから，その時の気持ちや理由も話してくれて，先生からすると，なるほどな，と思うところもあったし，ちょっと自分に都合よく考えているかな，というところもあった。率直に言えば，「気持ちは分からないでもないけど，その程度のことで腹を立てることは子どもっぽいことだし，相手の持ち物を壊すというのは卑怯なことだ」というのが先生の結論。どうすればよかったかは自分で考えてくれ。どうすればよかったのかな。
生徒：我慢する…人の物を壊さない。
先生：我慢できないほどのことがあった時には，先生に相談して下さい。それから，今日のことについては，Ｂくんに謝った方がいいと思うけど，Ｂくんを連れてきたら，自分でちゃんと謝れるかな。それとも先生が手伝う必要があるかな。
生徒：自分で謝れます。
先生：大変結構。それから，人の物を壊してしまっているので，Ｂくんのお家の人には，先生の方から事情を説明する必要がある。場合によっては，Ａくんの家の人からも謝ってもらうことになる。それは仕方ないね。

> 生徒：…はい。
> 先生：最後にAくんに「これからのこと」についてを3つ言うから覚えておいてね。まずは今日の自分の失敗について，相手にしっかり謝ること。今後同じ失敗を繰り返さないこと。そして，謝ったらさっぱりした気持ちになること。いいかな。
> 生徒：はい。

　指導の最後に「今回のことはしっかり反省して，繰り返さない」ことを確認し，翌日以降に気持ちを持ち越させないことが大切です。

　また，Aくんのように，加害的立場の生徒がしっかり反省できている場合，「自分で今日してしまったこと，最後に先生に言われた3つのことを，お家の人に自分の口で説明できるよね」と，自分で保護者に説明させるようにしましょう。自分で責任を取らせることで，失敗を繰り返さない心がけをするよい機会になります。ただし，生徒が先生の指導に納得できない様子である場合は，先生から先に保護者に事情を説明すべきでしょう。「大人同士」で話した方が行き違いが少なくなります。

　このケースに限らず，被害的立場の生徒の保護者には，先生から先に連絡を取る必要があります。先に保護者から説明を求める連絡をもらってしまうと，話がこじれる原因になりますので十分気を付けましょう。なお，上述の指導例とあわせてp.158の「非行の指導」も参考にして下さい。

❷「叱る」，「怒る」はどちらも大事

　けんかの指導について具体的な場面で説明をしましたが，生徒の失敗は，授業中におしゃべりを繰り返す，提出物を出さない，カンニングをした，不要物を持ってきた，いわゆる非行をした，など多様です。

　生徒が「ことをし損じ」たら，先生は生徒の悪しき行為を叱り，正しい行為を行うよう指導しなければなりません。「失敗に学ばせる指導」のための「叱り方」について考えてみたいと思います。

「先生に叱られた」と似た表現に「先生に怒られた」という言い方があります。似た表現ですが，意味は異なります。広辞苑によれば，「叱る」とは，「目下の者の言動のよくない点などを指摘して，強くとがめる」，「怒る」とは，「不満・不快なことがあって，がまんできない気持ちを表す。腹を立てる。いかる」とあります。「叱る」行為には相手が要りますが，「怒る」行為はもともと1人でする行為のようです。生徒指導でしばしば「怒ってはいけない。叱るのだ」とか，「怒ることは相手を否定すること。行為を叱るのが大切」と言われますが，ここに理由があります。

　先生が感情を高めたまま怒ると，生徒が自分の気持ちを落ち着かせる時間が与えられなかったり，事実の確認がおろそかになったりしがちです。さらに，生徒がどんな気持ちで失敗の行動に至ったのかを聞き取ることが難しくなります。

　教師の仕事で目指すべきなのは，「非を認めさせ」たり，「謝らせ」たりすることではありません。失敗を繰り返さないこと，同じ失敗を繰り返しそうになった時，理性的な判断で中止することができる判断力と行動力を育てることです。自分の失敗がどういうところから来ているのか，自分で分かるようにするためには，「怒って叱る」のではなく，「冷静に叱る」方が有効だということが分かると思います。

　とは言え，最近私が気になるのが，表面的な事実だけを確認し，「二度としない」と約束させて，「はい。おしまい」という注意の仕方をする先生が増えているように思えることです。こういう先生は，「叱る」という行為を事務的な手続のように錯覚していないでしょうか。これはよくありません。

　一方的に友達に嫌な思いをさせたり，失敗を失敗と感じていない生徒を目の前にして，感情が高ぶることは自然なことです。「教室の正義」を守り，生徒を正しく導く立場にある者として，不正義や開き直りに「怒ることができる」ことは教師の大切な資質でもあると私は考えています。生徒にとっても大人の本気の「怒り」に接することで，気持ちを引き締めたり，「本気になって自分のことを考えてくれている」と感じたりすることもあるのです。

「怒る」ことで，生徒によい心の働きが生まれると判断したなら，ごく短時間で「先生は怒っている」ことが伝わるようにしましょう。そして一呼吸置き，「冷静に少し怒って叱る」ように心がけて欲しいと思います。

❸ 指導は全体指導と個別指導を分けて行う

朝の学活の最中，先生の話の途中で遅刻した生徒が教室に入ってきたら，あなたは何と言うでしょうか。

私だったら，「○○くん，とりあえず座って下さい。遅刻の理由は後で聞きますから」と言って（あるいは手で合図するのみ）座らせ，すぐ次の話題に移ったり，活動に入ります。

遅刻してきた生徒だって，「きまりが悪い」と感じながら教室に入ってきているのです（たぶん）。遅刻の理由も，皆の前で報告することができないような内容かもしれません。わざわざ学活を中断して「皆の時間を費やす」必要はないでしょう。

また，「Aくんが遅刻だ。先生に怒られるのかな」という周囲で心配する生徒への配慮もあります。Aくんが遅刻したことは本人の落ち度であり，クラスの生徒の問題ではありません。個人的な問題に付き合わせて，何の落ち度もない生徒に朝から嫌な思いをさせることは忍びなく感じます。遅刻した生徒には朝の学活が終了した後に，事情を聞き，理由によってはきちんと注意すれば十分でしょう。

遅刻の例を挙げましたが，この例に限らず，一部の生徒の行動について全体指導の場面で叱ることは感心しません。遅刻に関係のない生徒からすれば「いい迷惑」，叱られる生徒にとっても，素直に反省しづらい場面を作り出してしまいます。

話は私が中学生の時分に遡りますが，当時の私の担任の先生は，毎日のようにクラス全体に怒ったり，説教したりしていました。私は模範的な生徒ではありませんでしたが，頻繁に先生に怒られるような覚えはありませんでしたので，ほとほと閉口していました。私に限らず，生徒がその先生を見る目

は厳しかったように思います。「なんでこっちまで怒られなきゃならないの」,「毎日怒っているから何で怒っているのかわかんない」という声が上がるなど, 指導を素直に受け止めようとする雰囲気はまるでなく, 先生の指導が効果を上げているとは思えませんでした。

　もちろん一部の生徒の誤りが, 全員に共通するものであったり, 先生がその誤りを教訓にして他の生徒に伝えたいことがあるなら, 全体指導にも意味があります。けれども, 一部の生徒の問題行動を取り上げ, 学級全体に注意を与えたり, 一部の生徒の失敗をあたかも共同責任のように全体に注意したりすることは,「教室の正義」に反する行為です。注意をしたり, 叱ったりする際には, 注意されたり怒られたりする必要のない生徒を巻き込まないこと, すなわち全体指導と個別指導を使い分けることが大切です。

　蛇足ですが, 私がたまに使う手にこんなものがあります。

　チャイム着席できていなかったAくん, Bくん, ちょっと廊下に出てくれないかな。

　(2人を廊下に出した後, 教室に残った生徒に) これから, 先生が廊下でちょっと大きな声を出すけど, びっくりしないでね。先生はこのクラスがよいクラスであって欲しいと思っています。そのために時として, 大きな声を出さなければならない時があります。それが, 今です。

　全体指導と個別指導の中間点を行く指導です。年に1, 2回くらいしか使えない手ですが, 先生も生徒もさっぱり終えられるので, 私は嫌いではありません。

❹ 物がなくなった時の指導

　そんなことは決して起きて欲しくはないのですが, 教室で物がなくなることがまれに起きる時があります。学級担任としてはどのような対応をすべきでしょうか。

金銭の紛失は大きな問題として学年，学校で対応しなくてはなりません。具体的には不要なお金は持ってこさせない，お金は預けさせる，他のクラスへの出入りはしない，という確認と指導が行われることになります。担任としては，「このクラスの生徒でないと信じているが，もしも過ちをしてしまったという生徒がいたら，こっそり先生に教えて欲しい」と言うこと，そして，２度目を起こさないように，金銭の管理を徹底しましょう。
　比較的小さな物の紛失の場合はどうしたらよいでしょうか。
　特定の生徒の物が繰り返しなくなった場合は，明らかにいじめのサインですが，ここで取り上げたいことは，日常のちょっとした時に発生する失せ物についてです。
　ある学級経営に大変熱心な先生と一緒に仕事をしたことがあります。その先生のクラスで，教室の備品が紛失し，壊されて発見されました。誰がしたのか分かりません。その先生はショックを受け，犯人捜しを繰り返し，学級会を開き，生徒に話し合わせました。その学級での話し合いの中で，学級委員の生徒からこんな言葉が出たそうです。
　「自分が壊して隠したことにする。だから，今後ないようにお互いに気を付けたい」。
　学級委員の生徒の態度は大変立派なものでしたが，私は口の中に苦いものを感じました。果たして，担任の先生はここまですべきだったのでしょうか。その先生と議論をしてみたい気持ちになりましたが，残念ながらその機会はありませんでした。そして，この場合，私だったらどのように生徒に話すか，考えました。

　このクラスで物がなくなった，というのはとても残念なことです。さらに，誰が持って行ったのか分からないということ，これはさらに残念なことです。
　ただ，状況からすると，必ずしもこのクラスの人が持って行ったとは限らないと私は考えています。そう思いたいだけかも知れないけれど，

> 　私はそう思いたい。皆もそうだと思う。
> 　もしも万一，今ここにいる皆の中に，「失敗した」と思っている人がいるなら，二度と同じようなことはしないで欲しい。そして勇気を持って，私に話して欲しい。決して悪いようにはしないつもりだ。人は誰でも過ちをしてしまうもの。そのことを強く責めることはしません。ただ，今後は気を付ける，という区切りのためにも，私に話して下さい。
> 　ところで，今回の件で，皆も私もとても嫌な思いをした。このことは間違いない。これをこれからの教訓にしたいと思う。人の物を盗ったり，失敗したことを黙っているようなことは絶対に止めよう。嫌な思いをするのは，盗られた相手だけではないことがよく分かったと思う。

　「失敗から学ぶ」姿勢を，生徒と共に先生も持つようにする必要があると思います。

❺ 担任のいないところで問題行動を起こさせない

　先生は出張の多い仕事です。研修や会議などで，ただでさえ忙しい先生はますます多忙になります。仕事の時間がなくなるだけではありません。担任として学級を空けるということは，大きな心配事です。「私がいない間に何か起こらないといいけど」，「けんかとか起こらないといいけどなぁ」。きっとそんな思いを背中に貼り付けたまま，出張に赴く先生がほとんどだと思います。

　私はそんな自分の心配を，なるべく生徒にそのまま話すようにしています。

> 　私は皆さんの担任ですから，いついかなる時でも皆さんの味方です。皆さんを注意したり，叱ったりすることもありますけど，100％皆の味方です。ですから，困ったことがあったら，いつでも相談して下さい。お金を貸して下さいと言われても困りますけど（笑）。
> 　ところで，今日，先生は給食時間から学校にいません。出張で△○中

> 学校に行かなければなりません。副担任の〇〇先生が来てくれますので，いつものように給食準備，清掃，帰りの学活をして下さい。
>
> 　私は皆のことを信じていますけど，ちょっと心配でもあります。100％皆の味方である，私が学校にいなくなってしまうからです。
>
> 　私は皆のことをよく分かっています。皆がいつ，どんな失敗をしそうか分かります。だから，失敗しないようにフォローもできますし，失敗した場合には助けてあげられます。
>
> 　でも，私がいない時にはそれはできません。だから「失敗するなら，私がいる時」にして下さい，助けてあげられるから（笑）。

　もちろん，それでもトラブルは起こりますが，多少は効果があると私は勝手に思っています。

　ところで，出張から帰ったら，出張の様子なども話してあげましょう。特に他校の授業参観の話などは，生徒も興味津々です。最後に自分のクラスを持ち上げておくことが話のコツです。

> 　昨日は，〇〇中学校で授業を見てきました。生徒たちは皆，頑張って勉強していましたよ。脇目もふらずに先生が黒板で書くのをノートに書いていました。でも，皆の方がノートはきれいだったかな。教室の隅をよく見たけど，掃除もウチのクラスの方が上だったね。ほっとしたよ。

❻ 非行の指導

　少年法によれば，非行は違法行為あるいは反社会的行為です。中学生の代表的な非行としては喫煙や万引きなどが挙げられます。中学生の学級担任である以上，非行の指導と無縁ではいられません。非行の指導のポイントを4つ示しながらどのように対応したらよいか考えていきたいと思います。

1）まずは「善悪の判断ができているかどうか」を確認すること

　非行の指導は他の問題行動と同様に，基本的に個別の指導になります。複数の生徒を一緒に指導すると，他の生徒の言葉に引きずられてしまうことがあるためです。

　個別指導にあっては，「どうしてしてしまったの」と切り出す先生も多いのですが，これはお勧めできません。理由や気持ちから話し始めさせることで，言い訳や弁解の気持ちが強くなり，善悪の判断がしづらくなったり，非行の事実を素直に話せなくなったりしがちです。

　まずは，生徒がきちんと善悪の判断ができているか，すなわち「悪いことをした自覚があるかどうか」について確認しましょう。

　私は，「大きな失敗をしてしまったね」とか，「大きな失敗をしてしまったということは分かっているかな」という言葉で，頷かせたり返事をさせることにより，善悪の基本的な判断ができているかどうかを確認します。ほとんどの生徒はこの段階では頷くことができますので[*4]次のように続けます。

> 　先生はそれを聞いてほっとしたよ。「こんなことはたいしたことない」とか，「仕方なかった」なんていう言葉が出てきたらどうしようかと思った。「（理由はともあれ）悪いことをしてしまった」ということは判断できてるんだね。
> 　じゃあ，まず事実の確認をさせてくれるかな。時間の順番で自分のし

[*4] ここで「頷くことができない生徒」の中には，本当に善悪の判断のつかない生徒もいますが，ほとんどの生徒は気持ちの整理がついていないだけです。1人になって考える時間を設けたり，違う話題の話を持ちかけたりして感情を落ち着かせましょう。その上で，「私があなたに言いたいのは『いろいろ理由はあるのかもしれないけど，やったことについてはまずかったんじゃないか』ということ。一方的に責めるつもりはないし，あなたが駄目な人だと言いたいわけじゃない。ただ，『やったことはまずかった』ということが分かっているかどうかを知りたい。どうかな」などと，「理由や気持ち」と「行為そのもの」を切り離すことで，正しい判断を促すようにしましょう。

> たことを先生に教えて下さい。

2)「事実の確認」はシンプルにすること
　善悪の判断の確認の次は，非行事実の確認です。事実の確認はくどくならないように事実だけを押さえましょう。また，この段階でも「何でそんなことしちゃったの」，「今度絶対やらないって約束できるの」などと，気持ちや理由を尋ねたり，これからの約束ごとなどを話さないことが大切です。いたずらに指導時間が長引いたり，生徒が混乱したりします。このようになると，先生も指導の全体像が見えなくなり，指導の「落としどころ」について見通しづらくなります。「気持ちとか理由は後でちゃんと聞くから，まず『誰がどうした』ということを教えてね」などと，シンプルに事実を聞き取るようにしましょう。

> あなたが自分の言葉で分かりやすく説明してくれたから，「してしまったこと」については，よく分かった。時間を追ってもう一度確認するけど，もしも違っていたり，付け加えることがあったらいつでも先生の話を止めて構わないよ。これは大事なことだから，いいね。

　事実の確認をし，「今の内容で間違いないね」と念押ししましょう。他に関わっている生徒がいたら，指導者同士で事実の突き合わせをします。

3)「これからどうすればよいか」を一緒に考える
　先に述べた通り，非行は違法行為あるいは反社会的行為です。非行を行った生徒が「悪い」ということは当たり前であり，叱責されるべきことは山ほどあります。
　先生はこれらを並べ立てて生徒に反省を促したくなると思いますが，その前に忘れないで欲しいことは指導の中で先生が果たすべき仕事です。それは

「聴取すること」でも「叱責すること」でもありません。「失敗に学ばせること」こそが指導の目的であるはずです。「間違えた行い」を頭ごなしに否定して逃げ道をふさいでしまっては，生徒が「失敗に学ぶ」機会を失ってしまいます。

> あなたの話を聞いて，事実は分かりました。こういう場面では，自分の都合のよい説明をする生徒もいるけど，あなたが正直に話してくれてうれしく思いました。
>
> ところで，さっき「自分のしたことは悪いこと」と話してくれたね。「自分で悪いと分かっていたけどやってしまった」というのは何か理由があるのじゃないかと思うんだけど，どうだろう。「実はこんなことがあったから」とか，あるいは「こんな気持ちになってしまったから」とか，何か理由や気持ちがあったら話して欲しい。

生徒の口から出てくることは，おそらく「誘われたから」とか，「欲しかったから」，「興味があったから」などに限られるでしょう。この場面では自分勝手な理由を言うことも多いと思いますが，「なるほど」，「そういう気持ちになっちゃったんだ」，「うまく気持ちをコントロールできなかった，ということかな」などと，受容的な聞き方を心がけましょう。これは「これからのこと」を一緒に考える姿勢と言ってもよいと思います。

「これからどうすればよいか」という点について，自分なりの言葉が出てきたところで指導の区切りとしましょう。

> 先生：今，自分のしてしまったことやその理由，気持ちについて話してもらった。それは先生もちゃんと聞いたし，あなたなりの考えや気持ちも分かった。
>
> すごく簡単にまとめると，あなたは「自分のやったことが悪い」ということは分かっている。でも，いろいろなことがあって，自

> 分の気持ちをコントロールできなくなった。その結果，誘惑（自分の弱さ）に負けちゃった。つまり「自分の強さがちょっと足りなかった」ということかなと思ったけど，そういうことでいいかな。
> ところで，こういう「大きな失敗」をしてしまった後で，一番大切なのは何か分かるかな。
> 生徒：？
> 先生：「これからのこと」だよ。
> 生徒：これからは気を付ける…。
> 先生：そうだね。同じ失敗は繰り返さない，ということだ。そのためには，どうしていったらいいかな。
> 生徒：自分の弱さに負けない…。
> 先生：それが一番大事だね。

「これから」の具体的な約束として，「非行はしない」ことと，学校生活における行動の見直しなどを相談しながら決めましょう。一貫して生徒の気持ちに寄り添いながら，「一緒に考える」指導を心がけることが大切です。

4）生徒も先生も「さっぱりと終える」こと

　生徒にとっても先生にとっても，非行の指導は気が重いものです。生徒が時を置かずに反省の気持ちを忘れてしまっては困りますが，あまり引きずらず，早めに通常の学校生活に戻させることが望ましいと思います。また，先生も指導を終えたら，失敗や非行の事実を繰り返し蒸し返すことはせず，忍耐の姿勢で保護者や本人に任せるスタンスを持つことも大切です。

　そのためにも，「これからどうすればよいか」について考えさせる際に，現実的には実行できそうもない約束をさせたり，いくつもの約束をさせることは感心しません。「違法行為をしない」という必ず守るべき約束を１つと，遅刻をしない，服装に気を付けるなど，「努力する」約束を２つ程度させる

ことが目安です。

　指導の最後には，本人への信頼の言葉がけをして，「さっぱりと」指導が終えられるように心がけてみて下さい。

> 　この後お家の人と一緒に，もう一度，全体の確認をします。あなたが反省していること，これから気を付けることについて，自分で話をしてもらうけど，大丈夫だね。
> 　今日はいろんな先生に指導されて，怒られたり，叱られたりして嫌な思いをしたと思う。ただ，先生も嫌な思いをしたし，お家の人もこれからとても嫌な思いをすることになる。そのことはしっかり分かって欲しい。
> 　先生は，今日の出来事を明日以降に引きずらず，さっぱりして終わりにしたい。だから，先生個人としてあなたにお願いしたいことがあります。明日から，さっき自分であなたが約束したことをしっかり守って，新しい気持ちで学校生活をして欲しいということです。先生も約束します。あなたが約束を守れている限り，今日のことは思い出すことも，蒸し返すこともしません。
> 　明日から，気持ちを切り替えて頑張ろう。担任として信頼しているよ。

　以上，非行の指導について，4つのポイントを挙げながら述べてきました。あらためて述べるまでもないと思いますが，非行の内容によって教師の対応は大きく変わります。生徒への指導も簡単にはいかないことがほとんどですし，グループでの非行となれば事実の確認だけでも一筋縄ではいきません。上述した指導は，先生の持つべき基本的なスタンスと考えて下さい。困難も多いと思いますが，学年の先生方との協力関係を支えに，生徒への信頼と愛情を武器にして前向きに取り組んで欲しいと思います。

4. 問題行動に対してどのように対応しているか

❶ 組織的対応を心がけているか

「組織的対応」は、問題行動の未然防止の視点からの対応と、事後の視点からの対応の２つに大別されます。

未然防止に関わる内容については、生徒指導委員会や学年の生徒指導担当などから指導に関する指示や連絡がありますので、その内容を他のクラスや他の学年と温度差を生じないように生徒に指導することに尽きます。先生自身が学年集団の一員であることを常に念頭に置いて指導に当たりましょう。

ここでは事後の視点からの対応について具体的に考えてみたいと思います。

先ほど、問題行動を「授業中におしゃべりを繰り返す、提出物を出さない、そんなことから始まって、けんかして友達を叩いた、カンニングした、不要物を持ってきた、いわゆる非行をした、など」と書きましたが、どのレベルの問題行動から「組織的対応」で対応する必要があるのでしょうか。

基本的には「すべて」と考えておくべきでしょう。自分の判断では些細なことであっても、組織的な判断からすれば大きなことでもありうるからです。

とは言え、あらゆることを学年に持ち出していたら、文字通り「きりがない」ことが現実です。その際、次のようなイメージを持っておくと便利です。

レベル１	レベル２	レベル３	レベル４
同僚への相談	学年担当への相談	学年主任への相談	学年主任を通した管理職への相談

保護者への連絡が必要なものは、基本的にすべてレベル４です。放課後に生徒を残して説諭するなど、担任の指導範囲のものはレベル３、迷った時はレベル２です。

大切なものはレベル１の同僚の先生への相談です。「相談」という形でなくとも、職員室で話をする「雑談」と考えていただいて構いません。自分が困っていることや、気になっている生徒について話をすることで、事実が周

囲の先生の耳に入り，他の事実と結び付いて組織的な対応につながることがあります。また，先生自身の判断について，適切かどうかを判断してもらえる機会にもなります。

「組織的対応」は，同僚との雑談から。意識して行ってみて下さい。

❷ スピードが必要な対応

問題行動の種類によっては，迅速な対応をする必要があります。タイミングを誤ると，事態の対応が格段に難しくなることがあるので注意が必要です。学年担当，学年主任，管理職からの指示を受けて動く場合はもちろんですが，同僚からの雑談から始まる「組織的対応」でも，しばしばスピード感のある対応が鍵になります。

これは実例を示した方がよいでしょう。私自身の失敗談でもあります。

あるクラスで，女子生徒の1人が放課後に男子生徒にからかわれることがありました。その際に使われた言葉は，女子生徒をかなり傷付ける形容詞です。女子生徒はしばらく泣きじゃくり，他の生徒や担任に慰められて帰ったのでした。

私は，職員室でその先生が隣の席の先生に話をしていることを聞くとなしに聞いていました。「これまでも似たようなことがあって，(その女の子は)ずっと我慢してきたんだけど，今日は我慢できなかったみたいね」と言っていることを聞くに至って，私は「先生，それは早く(生徒が家に帰る前に)電話した方がいいですよ」と言いました。

「そうだね，早くした方がいいね」などと返事はするのですが，電話をかける様子がありません。私が「早く」と言ったのは，「生徒が家に帰る前」という意味であることを伝え直そうかと思ったところに，電話が来てしまいました。女子生徒の保護者からでした。

それからの対応は難しいものになりました。保護者が担任の先生の説明を信頼せず，その後の指導についても納得してもらえないまま電話を切ることになってしまいました。その後，担任の先生は家庭訪問をして，善後策につ

いて説明しましたが，年度の終わりまで後に引いてしまったようです。

　このケースについては，私自身も話を耳にした職員として，もっと危機感をもって対応すべきだったと反省しています。せっかく担任の先生が状況を周囲に話し，アドバイスを求めている様子であったのですから，学年主任や管理職に話をつなぐなどして，組織的に対応すべきであったと思います。

　状況判断と対応には，複数の目，スピード，タイミングが大切であることを確認しておきたいと思います。

❸ 先生の努力で乗り切ることも大切

　生徒の問題行動に対する対応について，組織的に対応することの大切さを述べてきました。問題が複雑化しやすい現在の学校にあって，過大な負担をを避けるために責任を分担したり，首尾一貫した対応がしやすかったりする組織的対応は大変重要です。特に学年単位での行動の多い中学校では，学年の先生が学年集団として１つにまとまることができるかどうかが，学級経営の土台となる学年経営にとって重要な鍵になります。問題行動の予防や問題発生時の対応に限りません。行事，生徒会活動，授業などに対する学年全体の指導力を高めるためにも，学年集団の力は大切です。「よい学年」なくして「よい学級」はあり得ません。よい学級経営を実践するためにも，学年集団のよき形成者の１人となり，支え，支えられながら学年集団の一員として指導に当たるように努めましょう。

　一方で，先生が自分の力で乗り越えなければいけない壁にぶつかることがあることも心得ておくべきだと思います。

　ある年のことです。同じ学年のＡ先生が私の担任している生徒Ｂさんについて相談を持ちかけてきました。授業でＢさんとの関係がうまくいかず，困っているということでした。授業などで指示に従わない時があるようでした。

　担任，学年の生徒指導担当として私が２人の間に入って話をすれば，関係をある程度修復することはできると思いましたし，その方が早く問題が解決するということも分かっていました。けれども，Ａ先生，Ｂさんの性格を考

えた時，私はそれがもっともよい選択とは思えませんでした。もしも私がそのようにしたら，A先生とBさんの関係は，表面上繕われるにしても，本質的なところで修復できないほどに傷付いてしまうと感じました。

そこで，私はA先生に率直にそのことを伝えました。

> 私がA先生とBさんの間に入れば，問題は表面上解決し，見えなくなると思う。A先生も一時的には気が楽になると思うけれど，本質的なところでの解決にはならないと感じる。まだ1学期の半ばなので，もうしばらく頑張ってみて欲しい。

卒業式の時，Bさんは，A先生に花束を渡し涙を流して別れを惜しんでいました。

私は自分が仲立ちして，Bさんに指導していたら，果たしてA先生とBさんの関係はこのような良好なものになっていただろうか，と思います。たぶん，そうならなかったのではないかと考えています。

現在，学校における教師の対応については，「組織的対応」，「1人で抱え込まない対応」が求められています。私も先に述べたようにそうあるべきだと思っています。けれども，教室で1人対40人で向き合っている時，私は「この仕事は覚悟のいる仕事だな」と痛感します。つまり，学校の中では，どこかで自分自身で判断し，結論を下し，「私」1人で生徒と正面切って向かい合わなければならない場面があるのです。「組織的対応」，「1人で抱え込まない対応」は非常に大切なものですが，それだけでは教師の仕事は切り抜けられない，だからこそ教師という仕事は難しくもあり，また魅力的でもあるのではないか思います。

POINT 11　学級経営と問題行動

POINT 12 学力と学級経営

CHECK LIST!

- □ 教科指導に全力を尽くしているか
- □ 学習のコツを教えているか
- □ テストに向けた勉強や提出物の指導を行っているか
- □ 個別指導の機会を作っているか

1. 教科指導と学級経営

次に紹介するものは、私が初任の時に先輩の先生が「教師の仕事の大原則」として話してくれたことです。

> 教員の仕事で一番大切なのは授業だよ。関わる生徒が多いし、専門性が高くて、他の人には代わることができないからね。次に大切なのは学級。生活を含めて丸ごと預かっているから。次が学年、その次が学校の仕事。最後が部活。
>
> もちろん、現実にはこんなふうにきれいには並ばない。時には部活が一番上に来ちゃうこともある。でも、原則は原則。するべきことに迷ったり、判断に困った時はこの原則を思い出すといい。

この言葉は、教師生活の中で私が何度も心で繰り返している言葉の1つです。

この言葉を借りれば、学級経営で最も大切なことは、「よい授業」であるということになりますが、私に異論はありません。その通りだと思います。

よい授業をする先生の多くは学級経営も上手です。学級経営はうまくいかないけれど、授業はよい、という先生はあまり聞いたことがありません。それはなぜでしょうか。

「よい授業」は生徒1人1人を平等に扱いながら，個性や能力に見合った努力をさせて技能や能力を伸長させ，知的に判断したり，表現したりする力を育てるものです。やればできる，という気持ちを育てたり，正しく考え，判断できる力を育てているとも言えます。これは，人づくりをする学級経営と根本は同じことになります。

　よい授業の例として自分の授業のことを引き合いに出すことは気が引けるのですが，私の取り組みの例を挙げましょう。

　私は英語の教師です。1年生ではアルファベットカルタをしたり，絵のカードを英語で取ったりするカルタをすることがあります。4人1組くらいで活動させますが，中には周囲についていくことが難しい生徒もいます。そんな時，私は読み札の順番を調整し，そういう生徒がたまたま見ているカードを読んであげたり，手近にあるカードを読んであげたりします。活動への参加意欲が大きく変わります。

　もう一例を挙げます。同じ1年生でも，ずいぶん先まで勉強が進んでいる生徒がいます。ワークシートで全員に同じ確認問題をやらせれば，こういう生徒はあっと言う間に終わりにしてしまい，つまらなそうに窓の外を眺めることになります。私はワークシートの問題を3段階くらいに分け，徐々にステップアップできるように配慮します。ステップ3の最後の問題は，その生徒でも「なるほど」，「勉強になった」と思えるような問題にします。取り組みの意欲が大きく高まります。

　担任している生徒に「先生の授業が一番好き」，「先生の教科が一番分かりやすくて面白い」と言わせることができたら，学級経営は8割方成功だと思っていいでしょう。学級経営を成功させるためには，何よりも増して，全力で教科指導に取り組まなければならないのです。

　ところで，かつて若手の先生が，1学期の半ばに職員室でこんな愚痴をこぼしていたことがありました。「やだなぁ，次の時間は自分のクラスだ。最近，自分のクラスが一番授業がやりづらいんです」。

　私はこんなことをアドバイスしました。

> 　学期の初めは自分のクラスが最も授業しやすいんですよね。よく指示を聞いてくれるから。でも，ゴールデンウィークを過ぎた頃から，だんだん自分のクラスでは授業がやりづらくなってくる。生徒のよくない部分が細かく目に付くから，ついつい注意をしたくなるんですよね。２学期の最初の頃までそんな状態が続くと思う。
> 　でも，苦労しながら秋の行事を越えていくと，断然自分のクラスがやりやすくなってくる。互いの呼吸が合ってくる，と言ってもいいかもしれない。
> 　２学期の終わりから３学期になる頃には，互いに授業が楽しみになってきたりもする。授業も学級も生徒と一緒に１年間かけて作るものと考えて，気を長くして「今できるベストのこと」を頑張るといいと思いますよ。

　クラスは１年をかけて作り上げるもの，そして授業はそのうちの最も重要な手立てなのです。

2. 学習指導をどのように行うか

❶ 日常の学習指導

　日常の学習指導で最も身近なものとして使えるものは，生活記録ノートです。１日の学習時間や行動を記録させれば，どの程度勉強時間を確保しているのかが分かります。就寝時間や起床時間が分かることによって，効率的な時間の使い方について，アドバイスしやすくなります。

　毎日記録させることが難しいようであれば，１週間程度で構いません。生活記録を書かせ，それをもとに自分の生活時間の使い方で工夫すべき点を考えさせる機会を持ちましょう。次のページで紹介するワークシートは自分の１週間の生活記録と，理想の生活時間を比較させ，改善に生かそうとするものです。三者面談などで使えば便利な資料になります。

自分の1週間の生活を記録しよう

____月____日から____月____日の記録　　年　　組　　番：氏名____

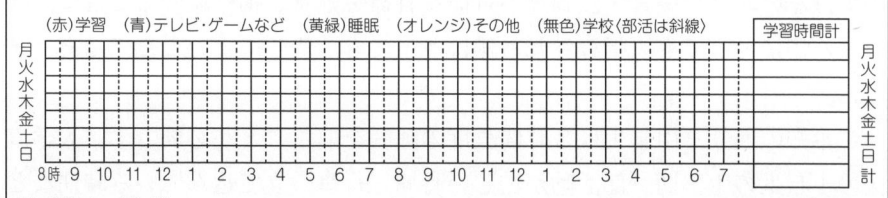

(赤)学習　(青)テレビ・ゲームなど　(黄緑)睡眠　(オレンジ)その他　(無色)学校〈部活は斜線〉　　学習時間計

月火水木金土日
8時 9 10 11 12 1 2 3 4 5 6 7 8 9 10 11 12 1 2 3 4 5 6 7

月火水木金土日計

計画と反省

曜	日ごとの反省	1週間を振り返って(工夫したい点)
月		
火		
水		
木		
金		
土		
日		

教科別学習時間

15　10　5　0
国 社 数 理 英 他

自分の理想とする1週間（日課表・週間予定）

年　　組　　番：氏名____

STEP 1　1週間の基本的な予定と時間を書き出してみよう

※曜日ごとの基本的な予定／部活・塾・習い事・テレビ　などを書き込みましょう。〈例〉テレビ（20時～21時）
※土曜日は部活が午前中にあり，日曜日はなしと考えて予定してみましょう。

月	
火	
水	
木	
金	
土	
日	

STEP 2　自分の理想とする日課表・週間予定を作ってみよう

①まずSTEP 1で予定した時間を色分けして塗ります。
②空欄として残った時間が自分の時間です。どのくらい学習時間を生み出せるか工夫してみましょう。

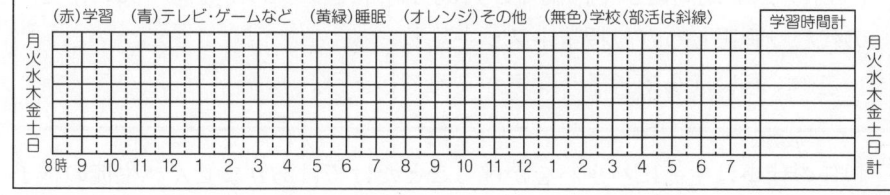

(赤)学習　(青)テレビ・ゲームなど　(黄緑)睡眠　(オレンジ)その他　(無色)学校〈部活は斜線〉　　学習時間計

月火水木金土日
8時 9 10 11 12 1 2 3 4 5 6 7 8 9 10 11 12 1 2 3 4 5 6 7

月火水木金土日計

POINT 12　学力と学級経営

ところで，中学生の学習時間で目安とされるものは，「学年プラス１時間」と言われますが，年間を通してこの目標を達成させることは，かなり難しいのではないかと思います。到達不可能な目標を延々と掲げ続けることは，指導する側にとっても，指導される側にとっても，決してよいことではありません。
　ご承知の通り，中学生は８時間程度の睡眠を取ることが必要です。入学直後の１年生の１学期，部活動が忙しい時期，行事の立て込んでいる時期などは，もっと睡眠時間を必要とする生徒も多いと思います。望ましい就寝時刻は，１年生は10時過ぎ，２年生でも11時ではないでしょうか。
　３年生の１学期の半ばなら，私はクラスでこんなことを言います。

　皆さんは，よく「学年プラス１時間」という学習時間の目安を聞くことがあるでしょう。それは間違いないことですが，今月については，先生は「学年プラス１時間×50％，その代わり睡眠しっかり授業中スッキリ」と提案したいと思います。
　今，皆さんは１年間で部活動が一番忙しく，加えて学年行事や生徒会活動もピークを迎えています。睡眠時間を大幅に削るならともかく，「学年プラス１時間」はほとんどの人にとって不可能に近いモノになっています。
　現実的に不可能な目標を設定し，「あー，昨日もできなかった。今日もできなかった。明日もダメだろうなぁ」なんてつまらない毎日を過ごすなら，思い切って期間限定で目標を変えることも大切なのです。
　そんなわけで先生からの提案です。
「期末テスト期間前まで，約１か月間は，学年プラス１時間×50％，その代わり睡眠しっかり授業中スッキリ」。
　このくらいならできそうな気がするでしょう。

　担任の仕事は生徒にハッパをかけることだけではありません。生徒の様子

をとらえ，目標を修正して示したり，自分を追い込み過ぎないようなアドバイスを与えることも重要な役割と心得ておきましょう。

❷ テスト勉強の指導

テストは「勉強の仕方」を学ばせる絶好のチャンスです。私は日頃は学習についてあまりしつこく言わない担任ですが，その分，テスト準備期間中には口うるさくなります。

> 先生：私は，日頃は学校で一番「勉強しなさい」って言わない先生です。
> 生徒：本当ですか。
> 先生：たぶん本当です（笑）。「寝る暇削って勉強しなさい」とか「毎日４時間勉強しなさい」とか言わないでしょ。でも，その分テスト期間中になったら，しつこく言います。誤解がないように言っておきますが，「テストでいい点を取れ」と言っているのではありませんよ。やれるべきことはしっかりやってテストを受けようねと言っているんです。

テスト期間に入ったら，すぐに「テスト期間中であること」の意識付けをしましょう。学級指導の機能を有効に生かす方法には次のようなものがあります。

テスト２週間前，範囲表の配付をテスト指導開始のタイミングとしましょう。班に分け，班ごとに相談させながら範囲表に基づいて教科書やワークの範囲を確認させます。目印を書いたり，付箋を貼ったりさせます。「えっ，こんなに量が多いのか」，「これも範囲に入っていたんだ」など，１人では気付かない範囲の内容に気付かせることができます。これは１年だけでなく，２年，３年でも有効ですのでお勧めです。

範囲を確認させたら，勉強法についてアドバイスしましょう。

生徒：こんなに範囲が広いと，どこから勉強したらいいか分かりません！
教師：諦めるには早すぎます！（笑）テストまで何とか2週間ありますから，対策を立てましょう。3つアドバイスします。

1つ目。基本的に，数学・英語は日頃の勉強が重要。できていない人は，焦るべし。やっていない人は，日割りで計算して，テストの3日前までにワークが終わるように計画して下さい。さもないとテスト前日まで提出物を仕上げる作業が続くことになります。

2つ目。勉強に時間を要する社会と理科は，1週間前を目安に7, 8割のレベルまでに仕上げておく。特に社会は時間がかかりますので，早めに手を付け始めるのがコツです。

3つ目。実技教科の勉強は，1日1教科1時間を2回＋前日の1時間で終わりにできるようにします。つまり各教科計3時間の勝負です。そのためには，学校での休み時間などもうまく利用して下さい。

　下に紹介するものはテスト期間の学習時間記録用紙です。先に紹介した，生活記録用紙と同じ書式なので，使いやすくなっています。曜日を変えてテスト期間2週間分の記録ができるようになっています。

学級で取り組むと楽しいテスト勉強の方法を紹介しましょう。「予想問題づくり」です。

Ａ４サイズの用紙を４分割し，Ａ６サイズの用紙をたくさん作ります。１人３枚ずつ行き渡るように配付しましょう。１枚に１教科，出題する教科を決めさせ，それぞれが10点満点になるテストを作成します。時間が余った生徒は追加でテストを作ることができます。

回収した問題用紙は人数分印刷して配付し，解答タイムを与えます。一定の時間が経過したら，問題作成者に提出し，問題作成者は添削をして解答者に返却します。息抜きも含めた楽しい時間になること請け合いです。

❸ 提出物の指導

長期休業明けやテスト期間前後には各教科のワークやノート，作品などの提出物が集中します。教科の提出物がほとんどだと思いますが，担任の先生の力も大事です。ぜひ生徒の提出物をバックアップして，「やるべきことはやる」という姿勢を育て，「やるべきことをやった」という達成感を味わわせましょう。

そのために担任にどのようなことができるでしょうか。

まずはクラスの誰が，何の提出物を出していないかを確認しましょう。係に協力してもらい，名簿を使ってチェックすれば簡単です。

その後はどうしたらよいでしょうか。

未提出者の名前を黒板の横に書いたり，紙に書いて貼ることがまったく不適切だとは思いませんが，私は好ましいとは思いません。提出が間に合わなかった「自分の責任」とは言え，黒板に未提出者として名前を書くことは，見せしめという懲罰的な面があります。基本的には担任の先生が「誰が何の教科を出していないのか」を把握していれば十分です。

まだ提出物が出ていない人は心の中で手を挙げて。はい，その人は早く提出するようにして下さい。ちなみに，先生は誰が何の教科の提出物

を出していないか，ちゃんと分かっていますからね。
　なお，教科の先生に宿題を提出したら，私にも一言伝えて下さい。明日頃から未提出者には，「いつ出す予定ですか」と私から声をかけますから。もちろん，中学生としては担任の先生に声をかけられる前に，自分で何とかすることを期待します。

　ところで，事後にどのようにフォローしても，提出が遅れてしまう生徒がいます。担任の先生が頭を悩ませるところです。有効な方法として，夏休み中などに該当の生徒の保護者と連絡を取り，学校に来させて面倒を見てしまうという手があります。先生の負担は大きくなってしまいますが，2学期以降の生徒との関係づくりにも役に立ちますので，思い切ってこのような手段をとることも考慮に値するでしょう。

　1点だけ，留意しておいた方がよいことがあります。それは，提出物の指導は，担任の先生同士で「提出物を出させる競争」をするためのものではないということです。「提出物を全員に出させること」に思いが入り過ぎ，生徒へ過度なプレッシャーを与えてしまうことがあることに注意しましょう。提出物が間に合わないことをきっかけに，学校に行くことを渋るようになる生徒や，開き直ったり無気力になったりしてしまう生徒もいます。提出物を仕上げるための放課後の残り勉強で，部活動への意欲が低下してしまい，部活動が続かなくなる生徒もいます。

　とかく私たち教師は忘れがちですが，生徒は様々な育成環境，生活環境の中で育っています。一律の基準で○×を付けられないことも少なくありません。このような生徒については学年の先生と相談をするなどして，個別に対応を考えるべきでしょう。

3. 個別指導のあり方

　学校の授業は基本的に一斉指導です。個別の能力に配慮しながら指導するわけですが，一斉指導である以上，先生が授業でフォローしきれない生徒が

出てくることは想定されます。

　一斉指導でカバーできない生徒へのフォローの方法は個別指導だけです。先生の身体は1つしかありませんので，個別指導で全員に関わっていくわけにはいきません。多忙きわまりない中学校の時間で，どの程度の個別指導が可能でしょうか。

　まずは時間を限定します。

　朝が得意な生徒なら，「先生の会議が始まる20分間だけ」，それ以外の生徒は「放課後20分だけ」。私はそんな個別指導をしてきました。お互いに無理をしたら長持ちしません。期間も限定しましょう。1週間だけ，火曜日だけなど，そのくらいならできそうかな，というハードルを用意したいものです。

　また，テスト期間前の1週間はチャンスです。少し強く押してみましょう。「テスト前だから，先生に30分だけ放課後付き合ってもらうよ」。1人では動きそうもない生徒なら，「○○くんもやるって言っているよ」と上手に誘ってみることもよいでしょう。

　ところで，個別指導で教え始めると，先生も熱が入ってきて指導が長くなりがちです。時間で区切り，約束の時間が来たら必ず終了することが長続きさせるコツです。また，ずるずると個別指導の雰囲気の中で勉強を続けていると，生徒が甘えやすい雰囲気にもなりがちです。教師と生徒との関係をはっきりさせるためにも，終了時間はきっちり守った方がよいのです。

　先生個人で取り組む個別指導のあり方について述べましたが，個人で取り組めることは限界があります。学年の学習担当の先生と協力して，学年単位で生徒の補習をすることもよいでしょう。様々な教科をいっぺんに見られるよさもあります。

4. 学習指導のエトセトラ
◆メリハリを付ける

　担任の先生が四六時中，「勉強，勉強」を繰り返すと，大方の場合は，反比例するように学級の生徒の元気がなくなっていきます。気持ちを勉強に向

かわせることは大切なことですが，学力は「勉強だけ」で育つものではありません。勉強で得る知識や技能，考える力や判断する力などに加え，人を大切に思う心や正義を大切にする心，毎日学校に元気に通い，勉強や運動に打ち込める健康・体力をバランスよく備えてこそ，生きる力を支える確かな学力なのです。

そのため，私は次の点に気を付けています。

①睡眠をしっかり取るよう繰り返す。
②授業をしっかり聞き，授業時間中に学習内容を覚えたり理解したりするように話す。
③テスト期間を除き，なるべく「家庭の勉強時間」に触れない。
④「学年プラス1時間」の学習目標を，時期によって変えるように助言する。
⑤勉強に限らず，いろいろなことに興味を持って取り組むことが大切であると話す。

例えば，3年生の4月に次のように伝えてメリハリを付けるようにしています。

　皆さんは3年生になると，進路進路と先生がうるさくてしようがないのだろうなぁと思っているでしょう。私もうるさく言いますが，私が進路の話を繰り返すのは，1学期は4月だけです。5月に入ったら，夏休み直前まで進路についてはほとんど話さないことを約束します。5月からは，修学旅行，生徒会，部活動など学校の中心として，皆さんには活躍してもらう機会がたくさんあります。進路も大事ですが，3年生には1学期に3年間の集大成として，学校の顔として，大きく活躍して欲しい。それが私の願いです。
　2学期以降はしっかり頑張って下さい。私も頑張って進路についてしゃべります。9月になれば，半年後は社会人というのが前提です。進路に向かい合い，真剣に考えざるを得なくなります。その分，1学期は思

> いっきり中学校生活のいろいろな場面で大活躍し，力を蓄えておいて下さいね。

◆学級の平均点を上げることにこだわり過ぎない

　学級の平均点が低いことに肩身の狭い思いをしている先生はいないでしょうか。多少気にする必要はあると思いますが，こだわり過ぎる必要はありません。

　英語の教師であれば，誰でも知っている全国的に有名な先生が，ある本の中で，こんなことを書いていました。

　かつて自分が担当した学年は9クラスとクラス数が多く，1年，2年をそれぞれ別の若手の先生と分担して教えたことがあった。学力においてはクラス間で大きな差はなかった，と。

　私はよくぞ言ってくれた，と思いました。優れた英語の指導で全国に名を知られた先生が担当したクラスの生徒の成績が，経験の浅い先生が担当したクラスの生徒の成績と大差なかったのです。

　私も英語の教師として，自分の担当するクラスの英語の力を伸ばそうと努力してきました。けれども，私の頑張りで得られるものは平均点で言ってせいぜい1点か2点だと思って取り組んできました。教師の工夫や頑張りに比例して，スコアとしての生徒の成績がそれほど大きく上がっていくわけではないのです。

　少々話が横にそれますが，教科経営，学級経営共に，先生の力で子どもがびっくりするほど変化するなどとは考えない（目指さない）方が無難だと私は思っています。そういうことも結果としてはあるかも知れませんが，あくまで結果としてなのです。ひょっとすると先生の力だけではなく，その時の生徒の能力や性格が要因なのかも知れません。あるいは自分以外の職員や，保護者の指導が大きな力になったのかも知れないのです。このように考えれば，先生の姿勢として「私が大きく変えてみせる」という勢い込んだ姿勢は（ごく一部の指導力が非常に高いカリスマ先生を除けば），決してほめられた

ものではありません。

　些細に見える変化，わずかと思える進歩を大切にしていこうと考える方がずっと真っ当ではないでしょうか。

> 「わずか1，2点の平均点だけれど，そこにこそプライドをかける」
> 「わずかな生徒の行動の変化だけれども，そこにこそ教師としてのプライドを持つ」

　これが教師として求めるべき姿勢ではないかと，私は考え，また自分に言い聞かせながら教壇に立っているのです。

POINT 13 学級経営にまつわるQ&A

> **Q1** 教員志望の学生です。大学時代にはどのようなことに取り組んだらよいでしょうか。

A 先輩の教師として，ずばり3つお願いします。

1つ目は専門科目に関する知識を深め，技能を高めることです。特にお願いしたいことは，専門教科においても，国語だったら「私は平安文学なら強い」，社会だったら「中世の荘園についてならかなり詳しい」というように，「専門分野」を持つことです。

教師という職業は，常に自分の生き方や考え方を問われる仕事です。大学において専門分野を持つということは，「なぜ自分はその分野を専門として選択したか」，「専門分野としてどう研究を進めてきたか」，「研究の成果をどのように人に伝えようとしたか」というプロセスに取り組むことです。これは，自分自身に関することや自分の考えを他者に伝える絶好の訓練でもあります。知力・体力・時間を尽くして専門分野を掘り下げてみて下さい。

2つ目は，様々な経験を重ねることです。そして体験を重ねるだけで終わりにせず，自分はその体験で何を得たのかについて，他人に「言葉で」伝えられるようにして欲しいと思います。教師の仕事は書き言葉，話し言葉を基本とします。自分の経験が他人に伝わるように言葉にする訓練は，教壇に立った時に大きな力となります。

3つ目は，社会に対する目を養っておくということです。教育の目的は，生徒の「人格の完成」を目指し，「平和で民主的な国家および社会の形成者」としての基礎を養うことです。社会をよりよい方向に向かって変えていこうとする精神を育てるためには，先生自身が社会の問題や課題に気付き，肯定するなり，批判するなりの視座を持っていることが大切です。先生の社会に対するまなざしは，生徒が社会の中の問題に気付き，コミットしていくためのきっかけとなります。視野を広く持つよう心がけて下さい。

Q2 教師3年目になりますが，人前で話をすることが苦手です。どうしたら話すことが得意になるでしょうか。

A 周囲の先生と話をしていると，「人前で話をすることが苦手」という先生は少なくありません。ですから，このような悩みは先生にとって特別なものではないと思います。かく言う私も「人前で話をすることが苦手」で，大人ばかりか，生徒の前で話す時にも，未だに緊張を覚えます。

そこで，私は「自分は話が下手だから，しっかり準備をしなければ」と考えるようにしています。分かりやすく聞いてもらえるよう，話す内容を練り，なるべく短くシンプルに話せるように準備をするのです。保護者に話す時はもちろん，学年集会でも原稿を作成して臨みます。

言うまでもないことですが，このように周到に準備をする姿勢は，授業づくりにとても役に立ちます。私は授業準備の際に，話す内容や，話す順番を繰り返し練りますが，これは分かりやすい授業づくりに欠かせないプロセスです。人前で話をすることが苦手だという「弱点」は，教師という仕事においては「武器」に変えることができるのです。

ところで，私は教職に就いてから約1年間，毎回というわけではありませんが，授業のシナリオを書いていました。この，「シナリオ」というものは，T（Teacher）とS（Student）のセリフを，ト書きを入れながら書くものです。冗談や雑談の内容まで書くのですから，初年度は文字通り寝る暇もなく過ごしていたように思います。現在でも「少し説明が難しいな」という授業では，シナリオを書き，早朝の教室で練習するなどの準備をします。

かつて同僚であった，私より一回りくらい年上の先輩であるA先生は，大変優れた授業をする先生でした。指導教科は私と違いましたが，授業構成，ワークシート，板書など，様々なことを学びました。この先生と話をしていたら，こんなことを話してくれたことがあります。

私も最初の1年間は授業シナリオを書いていたよ。上手な人はともかく，「普通の教員」は大変だけどシナリオを書かなければよい授業はで

> きないもの。そして、よい授業をする先生は、大抵そういう下積みの期間があるものなんだ。

「人前で話すことが苦手だからこそ、しっかり準備をし、分かりやすい話ができる」のです。「弱点を武器に変える」発想で乗り切ってみて下さい。

> **Q3** クラス対抗行事で頑張って勝ち、クラスを盛り上げて、団結力を高めたいと思います。どのようにしたらよいでしょうか。

A ある先生の話をしてみたいと思います。

　この先生は、指導中に気持ちがエスカレートしてしまう癖のある先生でした。この先生は秋のクラス対抗行事に熱心に取り組み、優勝を目指していたようです。ただ、残念なことに結果は３位。賞状はもらえましたが、目標には手が届きませんでした。先生はクラスの生徒の努力不足をなじり、説教をし、次の行事での優勝を生徒に約束させました…。

　「先生の自己満足なんですよ」。

　このクラスの生徒の先生評でしたが、心の中で思わず「そうだねぇ」とつぶやいてしまいました。

　「クラス対抗行事」ですから、勝負にこだわることがあってもよいでしょう。けれども、勝ち負けを判断の中心にすべきではありません。

　「何のために行事をするのか」という基本に立ち返りましょう。クラス対抗行事の目的は様々ですが、いずれも生徒が協力し合う大切さを知ったり、個々の力を十分発揮することの楽しさを味わったりすることであろうと思います。「勝つこと」にとらわれすぎると、先に紹介した先生のように、本来の目的を見失い、正反対のゴールにたどり着きかねません。

　では、担任の先生はどのように行事に関わっていったらよいでしょうか。

　私の行事への取り組みについて話してみたいと思います。

　私の基本的なスタンスは、個人の能力差により競技結果が現れるものについては個人の取り組みに任せ、能力差を努力でひっくり返せる行事について

は学級として取り組む、というものです。

　体育大会（運動会）については、行進、長縄など「団結の力」を示せる競技には力を入れ、話し合わせたり練習させたりします。けれども個人の身体能力が問われやすい競技においては、「悔いのないように全力で」という程度のアドバイスにとどめます。クラスの入賞なども、おおむね身体能力の平均を反映したものになるので、入賞したらラッキー、という程度の構えです。

　より個人の能力が問われるマラソン大会などでは、「クラス対抗」は「頭の片隅に持っていてもらえばよい」と話します。努力の優先順位からすれば、①「自分に打ち勝って全力を出し切る」、②「家族や友達などの応援の気持ちに応える」、③「クラスのために頑張る」というわけです。付け加えるならば「最後に１人だけ歯を食いしばって抜けるように頑張ろう。全員で１人ずつ抜くだけでプラス40点になるからね」くらいです。

　一方で、私がクラス対抗行事として力を入れるものは合唱コンクールです。勝敗にもこだわりますし、それを公言します。理由があります。清掃の章でも書きましたが、私は中学生が「他人のため」にできることは「掃除と合唱」だと思っているからです。

　私は、中学生の行事の中で一番大切なのは合唱コンクール（合唱祭）だと思っています。他の学級対抗行事については結果を気にしませんが、合唱コンクールだけは気にします。それほど私が大事に思っているのには理由があります。合唱は、掃除と同じく、「中学生なら誰にでもできる、他人のためにできること」だからです。

　質問があります。
　「合唱は誰のためにするもの」でしょうか…。
　たぶん、皆は胸の中でこう答えている。
　「クラスのため」。
　当たりでしょう。でも、先生の考えではそうではない。
　皆は何のために合唱で歌うのだろう。「自分のため？」。それならカラ

> オケボックスに行って，1人でさんざん歌えばよろしい。「クラスのため？」。それなら，屋上にでも行って，皆で歌ってくればよろしい。
> 　分かってきただろうか。
> 　合唱は「歌を聴いてくれる人のため」に歌うものです。
> 　「歌を聴いてくれる人のために歌おう」という気持ちに歌の下手うまいは関係ありません。下手であっても「歌を聴いてくれる人のため」に歌った合唱は，ちゃんと観客を感動させる力を持ちます。それが中学生の合唱のよさであり，すばらしさなのです。また，そのことが評価されるのが，中学校の合唱コンクールなのだと私は思っています。
> 　だから，私は合唱コンクールは練習にも結果にもこだわるのです。

　私が担任したクラスの，これまでの合唱コンクールの戦績については，あえて述べませんが，どのクラスでも私の最後の言葉は決まっていました。

> 　トロフィーの色は何色であっても，私からは全員に，一点の曇りのない金賞をあげるよ。

> **Q4** 同じ学年にいろいろな先生がいて，考えを合わせることが難しく感じます。また，仕事の量に差があって，自分ばかりに仕事が回ってくることに納得できません。

A　生徒を見てみましょう。行事に積極的な生徒がいれば，消極的な生徒もいます。勉強が得意な生徒もいれば，勉強は苦手だけれど，スポーツは得意という生徒もいます。社交的で，どんどん話ができる生徒もいれば，なかなか自分からはアピールできない生徒もいます。

　生徒はこのように多様ですから，1人の先生が，すべての生徒に「合わせる」ことはできません。いろいろな先生がいてこそ，多様な生徒たちに合った指導が可能になる，そんなふうに考えてみてはどうでしょう。

大人の目からすると，ずいぶんおおざっぱで「いい加減」とも思える先生が，生徒から信頼を得ていたりすることがあります。若い元気な先生を差し置いて，定年間近の白髪の先生が生徒に大人気，ということもあります。「その生徒」にとって，何が正解かは分かりません。

　ある生徒の話を先輩の先生に聞いたことがあります。とてもよい話だったので紹介しましょう。

　ある学校で，いわゆる非行に走り，先生の言うことを全然聞かない男子生徒がいたそうです。その学校には，お腹に子どものいる若い女性の先生がいました。男子生徒は，自分の母親が子どもを生んだ直後だったこともあり，この女性の先生にとても親切に接していたそうです。それを見て，「こんな優しい面を持っている生徒だったんだ」とつぶやいた先生もいたとのことでした。

　様々な条件の中で同僚の先生は働いています。働きながら小さいお子さんを育てている先生，ご両親が老齢で介護が必要な先生，ご家族が病気の先生やご自身も病気を持っている先生もいるかも知れません。これらは仕事の量をこなす上では弱点ではあるかもしれませんが，教壇に立つ時には必ずしも弱点とは限らないことは先の例で示した通りです。「生徒のため」というフィルターを通した時，私たちの仕事は違った角度から見ることができます。他の先生に「考えを合わせよう」と無理をするよりも，「よいところを認め合う」姿勢を持ってみてはどうでしょうか。

　仕事をたくさん任されて大変なようですが，仕事ができればできるほど仕事が舞い込んでくることは，学校に限らずどこの職場でも同じです。多くの仕事をすることは仕事の全体像をつかむ上で便利な面もありますので，「頼りにしてもらっている」と考えて，自分への励みにできるとよいですね。それに何より忘れてはならないことは，学年・学校の課題を解決することは，学級経営にとっても重要であるということです。自分の学級のためにも，学年や学校の仕事は大切です。まずは目の前の生徒のために，前向きに受け止められるよう心がけてみて下さい。

もちろん，実行不可能な分量や質の仕事を請け合ったり，背負い込む必要はありません。先生が倒れてしまっては元も子もありません。無理は禁物です。

> **Q5** 生徒からの相談についてどう答えたらよいか，分からないことがあり，困っています。また，いつも相談で放課後の時間がなくなってしまい，これでいいのかと思ってしまいます。

A 担任の先生として，生徒から困りごとの相談を受けることも多いと思います。進路やクラス，部活や友達，家族，他の先生に関することなど，様々でしょう。

　生徒の相談は「丁寧に聞くこと」と「励ますこと」が基本です。そして，「聞くこと」と「励ますこと」の間には，「気持ちを尋ねる」質問を入れましょう。生徒は自分のことを省察しやすくなります。

生徒：A子はいつも意地悪するし，うるさく話しかけてくるんです。
先生：ふーん，そうなんだ。たまに微妙な雰囲気になることがあるから，何かあるのかな，と思ってたけど。
生徒：陰湿なんです。人の見てない所で必ずやるから。
先生：２人でいる時に雰囲気がいい時もあるけど，話しかけられて嫌じゃない時もあるの。
生徒：うーん，10回に１回くらい。
先生：10回に１回かぁ（笑）。
生徒：先生，どう思います。どうしたらいいですか。
先生：難しいなぁ。先生も中学生の時，同じようなことで悩んでたけど，何となく何とかなっちゃったよ。何とかなりそうな気はしない？

　相談に対しては，結論を出したり助言をしなければならないと思いがちですが，「どう答えるか」，「何を話すか」は二の次，三の次と考えておいた方

POINT 13　学級経営にまつわるQ＆A

が無難です。どうしても行き着く先がなければ,「また話しに来てごらん。人に話すと少しは楽になったり,自分の考えを整理できたりするから」などと区切ってみて下さい。生徒は案外そのくらいでスッキリしてしまうことがあります。

ところで,傾聴が重んじられる風潮の中で「聞き過ぎる」ことに注意を払う必要もあることを知っておきましょう。

もうだいぶ昔のことになりますが,私は同僚のA先生が気になっていました。A先生は教育相談や生徒指導に熱心な先生でしたが,やや自分の指導方法に自信を持ち過ぎていた様子がありました。A先生のクラスで二者面談があり,私は職員室で「ずいぶんA先生は時間がかかるな」と心配していました。やっと職員室に帰ってきたA先生が言うことには,面談でクラスの生徒に学級内の人間関係の問題を洗いざらい聞き出したそうです。

「聞けば聞くほどいろいろ出てくる」。その先生は指導の資料ができたと喜んでいましたが,そのクラスからは授業や部活で暗い表情をする生徒が続々と増え,人間関係もこじれてA先生はすっかり手を焼いてしまいました。「丁寧に聞く」ことが必ずしも最上の選択肢ではないのです。

子どもには子どもなりの解決方法があり,大人が手を貸す必要がある場面と必要としない場面があります。相談をじっくり聞いてあげるべきタイミングなのか,自分で考えさせるべきタイミングなのか,教師の側で判断する必要があります。

例えば私は,恋愛相談は基本的に一切聞かないことにしています。繰り返し聞かされても,「ふーん,そうなんだー」と流したり,「そういうことは10年早い」と繰り返していると,誰かがそんな話を私にしようとすると「笹先生は恋バナは聞かないんだよ」と言うようになります。

私が恋愛相談に乗らない理由は簡単。恋愛はパーソナルな事象であり,学校は基本的にパブリックな事象を学ぶ場所だと考えているからです。

生徒の様子をよく見きわめて,そんな判断もしてみましょう。

> **Q6** 自分のプライベートをどこまで伝えるべきでしょうか。電話番号は仕方がないと思いますが，住所や，特にメールとなると，生徒，家庭に知らせることがためらわれます。

A このような戸惑いを持つ先生は，とてもよい感性をしていると思います。人の行動は理屈だけで動くものではありませんし，感情だけで動くものではありません。理屈と感情をつなぐものとして，感性はとても大事なものだと思います。そして，この先生の戸惑いは，今，先生が置かれている厳しい状態を的確に感じ取っていると思います。

質問の内容に戻りますが，理屈からすれば電話番号にしろ，住所にしろ，メールアドレスにしろ，不特定多数に公開する訳ではないのですから，問題ないように思えます。けれども，感情の部分としては，自分が生活している場所を示す住所や，常にいつでもアクセスでき，かつ第3者に渡りやすいメールアドレスを知らせることにはためらいを感じるでしょう。ましてメールアドレスにいたっては，事件やトラブルのもとになることが多くあります。

私のアドバイスは以下のようになります。

電話番号は「緊急連絡用」として知らせた方がよいでしょう。「原則的には学校に電話をお願いします」と付け加える先生もいるようですが，角が立つので私はお勧めしません。

住所については要望があった場合には，よほどの事情がない限り，応じて伝えましょう。年賀状などの送付で，先生の住所を知りたいという生徒のリクエストを拒絶することは，少々常識を逸しています。

メールアドレスは特別な場合を除いて，教えるべきではありません。教師と生徒という関係を必要以上に近くしてしまうことがあります。「在学生とはメールのやりとりをしないことにしている」とはっきり伝えた方がよいでしょう。角が立つようであれば，校長先生に確認し，「校長先生の許可がないと教えられない」とすることがよいと思います。

「特別な場合」についてです。私は不登校傾向にある生徒にはメールアドレスを教えてメール交換をしていましたが，これは指導に大変有効でした。

もちろん，管理職への事前の了解だけでなく，メールの大まかな内容を報告していました。「特別な場合」においてこまめに管理職に報告をすることは，組織的な取り組みとして大切ですし，先生自身を守ることにもなるのです。

> **Q7** 保護者との関わりがうまくいきません。どうしたらよいでしょうか。

A 以下は私が先輩の先生に繰り返し聞かされたアドバイスです。皆さんもどこかで耳にしたことがあるのではないでしょうか。

> 保護者はそう簡単には変えられない。でも，生徒は教師の頑張りで変えることができる。できないことができるようになったり，判断力や行動力が高まったりする。保護者はそれを見て，初めて教師のことを信頼してくれる。つまり，教師の基本的な構えというのは，「親を変えようと思うな，子どもを変えることで親を変えようと思え」ということだ。

保護者との関わりについては，とりわけ若い先生は難しさを感じるところだと思います。私も保護者から，いわゆる「お叱り」の電話をいただいたことが何度もありました。指導の趣旨を理解していただけず，嫌みや皮肉を言われたことも数えきれません。

こちらに落ち度がある場合には全面的に謝るしかありません。けれども，生徒のためによかれと考えて行った指導や，時間をかけて見守って欲しい指導について批判されることには心が痛むものです。こういう場面で指導の理由を説明したり，自分の考えを主張することで事態が好転することはまったく期待できないということも，先生にとっては辛いことです。

そんな時，この言葉を思い出して欲しいと思います。

「子どもを変えることで保護者を変える」。

これは私にとって元気と勇気を得るための魔法の言葉でした。「子どもを変えることで保護者を変える」ことは，時間のかかるものです。けれども，

本書で繰り返し述べてきた通り，学級経営は1年をかけた人づくりです。年度の最後を目指し，ベストとは言えないまでも，ベターな指導に取り組む努力を根気よく続けましょう。そして，行き詰まった時にはぜひ「魔法の言葉」を思い出し，生徒を信じて指導の励みにして欲しいと思います。

Q8 学年の終わりが近付いてきました。学級の最後に向けてどのような心がけを持ったらよいのでしょうか。

A 「学級開き」について語る先生はたくさんいますが，「学級のエンディング」について語る先生はあまり多くないように思います。

学級のエンディングは，放っておいてうまくいくものではありません。小手先の技術ではない，教師としての本物の力が必要とされます。学級担任の真の力は，学年の最後で判断されると言ってもよいと思います。

私はこれまでしばしば次のような場面を目にしてきました。3学期末，残りの時間が意識されるようになってから，遅刻が増えるクラス，忘れ物が増えるクラス，学年で決めたルールが曖昧になるクラス。

生徒にも問題はありますが，先生の側に問題が多いことも現実です。残念なことですが，この時期，授業においても生活指導においても，先生の側にいわゆる「流す」様子が見られることがあります。「もう終わりだから」，「今さら言ってもしようがない」。そんな気持ちが先生の中にわずかでもあれば，生徒はちゃんと気付きます。「最後だから」こそ，「最後までしっかりできた」という思いを持たせたいものです。

とは言え，それはなかなか大変なことであり，私自身も「流す」誘惑に何度も駆られたことを告白します。

ある先輩の先生が，初めて担任をした私にこんなことを話してくれました。

> 学級の1年は担任としてこんなふうに考えるといい。1学期は学級づくりの時期。2学期は学級を完成させる時期。そして3学期は学級を壊す時期。

> 　1，2学期については説明は要らないと思う。問題は3学期だ。担任している子どものほとんどは来年も面倒を見てあげられるわけじゃない。担任の自分の手を離れてもやっていける力を持たせてあげる必要がある。3学期は楽をすれば教員にとって一番楽な学期だけど，本気で考えれば，辛い学期だというのが正解。せっかく大切にしてきて，懐いてきている生徒を，独り立ちできるように厳しく扱わなければならないのだから。

　なるほどなぁと思いました。手塩にかけて1，2学期を過ごしてきた生徒のことを，次の年度もたくましく生活できるようになって欲しいと思うからこそ，3学期にはハードルを高くする。それは「自分が先生として生徒たちの側についていなくても生徒が正しく考えたり，行動できたりするようになる」ためであり，それが学級担任の責任のある姿勢だというのです。

　私自身，毎年学年末になるとこの言葉を思い出さずにはいられません。うっかり自分を甘やかしそうになった時，ついつい「流して」しまいそうになった時，この言葉を思い出して自分を叱咤したり，励みにしたりするのです。

> 　あと1か月でこのクラスは解散します。
> 　長い間皆さんと付き合ってきたので，別れるのがとても寂しい。最後の1か月は思い出をたくさん作って，よい形で最後の日を迎えたいと思います。
> 　ところで，あと1か月の最後の時期だからこそ，今日は皆さんに伝えておきたいことがあります。それは，私はこれからの1か月，ちょっと厳しい先生になるぞということです。
> 　私は，これまでの11か月で，皆が自分で正しく判断したり，行動したりできるように心を砕いてきました。これまで私が皆さんに教えてきたことがどのくらいしっかりとできるようになったか，君たちに見せてもらいたいと思う。
> 　きっとちゃんとできると信じていますが，できない場合は，もう時間

がありませんから，きっちり厳しく指導します。先生には，皆さんを次に担任する先生に対しても責任がありますから，覚悟して欲しいと思う。
　さて，手厳しい話をしてきたけれど，実は先生の本音はちょっと違うところにある。あと1か月が過ぎれば，このクラスは解散し，皆バラバラのクラスに所属することになる。私もこの学校にいるかどうか，学年がどこになるか，分からない。皆は新しいクラスでつまずいたり，困ったりする時が必ずあると思う。そういう時に，もう先生は，今みたいに皆に手を貸したり，慰めたり，味方になってあげることはできない。
　今，私が皆にしてあげられることは，最後の1か月，「ちょっと厳しい先生」になって，皆がどんなクラスに入っても，しっかりやっていけるようにすることだと思う。
　皆も協力してくれるかな。

　生徒が自分の力で未来を切り開けるような，「学級のエンディング」を目指して頑張りましょう。

【参考文献】
岩下修 著『AさせたいならBと言え』明治図書，1988
内田樹 著『先生はえらい』筑摩書房，2005
内田樹 著『街場の教育論』ミシマ社，2008
諏訪哲二 著『生徒たちには言えないこと―教師の矜持とは何か？』中央公論新社，2012
菅野仁 著『教育幻想―クールティーチャー宣言』筑摩書房，2010
グループ・ディダクティカ 編『教師になること，教師であり続けること―困難の中の希望』勁草書房，2012
成瀬仁 著『チェックリスト　学級担任の危機管理』教育出版，2012
野中信行 著『学級経営力を高める3・7・30の法則』学事出版，2006
樋口忠彦，他 編著『すぐれた英語授業実践』大修館書店，2007
堀裕嗣 著『学級経営10の原理・100の原則』学事出版，2011
向山洋一 著『授業の腕をあげる法則』明治図書，1985
向山洋一 著『学級経営の急所』明治図書，1994
吉本隆明・山本哲士 著『教育　学校　思想』日本エディタースクール出版部，1983
D・カーネギー 著　山口博 訳『人を動かす』創元社，1999
ルドルフ・ジュリアーニ 著　楡井浩一 訳『リーダーシップ』講談社，2003
文部科学省『生徒指導提要』，2010

あとがき

　ある日，自分が担任する学級で，生徒が提出用のプリントの忘れ物をしたとします。2人や3人ではありません。10人に近いのです。先生は困ってしまいました。提出された内容はすぐにクラスでまとめて，学年の担当の先生に渡さなければならないのです。

> 　まったくもう，ちゃんと黒板に書いておいたのに。何でこんなに忘れるのかなあ。ひどいなあ。

　きっと多くの先生は，カリカリしながらこのように思うのではないでしょうか。でも，この失敗は本当に「生徒の失敗」なのでしょうか。
　D・カーネギーが『人を動かす』の中で「人間はたとえ自分がどんなにまちがっていても決して自分が悪いとは思いたがらないものだ」（D・カーネギー著『人を動かす』創元社　p.14）と述べています。カーネギーのこの言葉を借りれば，「人間はたとえ自分が失敗しても，決して自分の失敗だとは思いたがらないもの」です。
　先生が「失敗から学ぶ」ためにいちばん大切なことは，まずは生徒の失敗を先生が「自分の失敗なのではないか」と疑ってみることです。

> 　何でこんなにたくさんの生徒が忘れたのだろう。そうか，黒板に書いたのは1週間前だった。しかも一言注意を促しただけだった。このプリントの大切さをもっと話しておくべきだったな。それに，昨日念押しして確認をすべきだった。

　「自分の失敗としてとらえる」ことは，生徒の失敗を指摘したり，叱ったりすることよりも難しいことです。どうして生徒がそのような失敗をしたのかを考え，理解する必要があるからです。けれどもそれができれば，次に打

つべき手立てがはっきりします。

> 次からはこういう重要な提出プリントについては，期限を守って提出することがなぜ必要であるか，理由をはっきり伝えよう。それから，黒板のメモを分かりやすく書いた方がいい。締め切りの前日に声をかけるだけでなく，数日前から声をかけ，締め切りを意識させよう。

　いかがでしょう。生徒の失敗を「自分の失敗としてとらえる」ことで，私たちはよりよい指導のためのヒントを得ることができます。これが「失敗に学ぶ」ということではないでしょうか。

　さて，最後まで本書をお読みいただき，ありがとうございました。経験の浅い先生がイメージしやすいように，細かい表現や実践記録的な内容が増え，200ページに近い本になりました。編集の木山麻衣子さん，校正の三浦江利子さん，イラストの木村美穂さんには大変な労力を割いていただき感謝しています。なお，本文のエピソードの記述はプライバシーへの配慮から，内容を一部修正していることを付け加えます。

　私が教師の仕事が素晴らしいと感じるのは，自分の弱点を武器にすることができる点です。スポーツが苦手であれば，「スポーツの苦手な生徒の気持ちが分かる」優しい先生になれます。人と話すことが苦手であれば，「人と話すことが苦手な生徒の気持ちを理解した指導ができる」幅の広い先生になれます。中学時代に座って人の話を聞くことが苦手だった先生は，工夫を凝らし，生徒を飽きさせない話ができる素質を備えているとも言えるのです。

　自分の学級経営に自信が持てずに本書を手に取った先生は，ぜひこのことを忘れないで下さい。「自信が持てない」という弱点は，とりもなおさず謙虚に学び続けようとすることができるという，教師にとってはとても強力な武器にもなるのですから。

　2013年4月

笹　達一郎

【著者紹介】
笹　達一郎（ささ　たついちろう）
1967年群馬県生まれ。早稲田大学卒業。東京での民間勤務を経て，1997年より群馬県公立中学校教諭等。英語，社会を担当。英語教育，進路，学校行事等のアイデアを掲載した中学校教員向けのHP『教室のアイデア』を運営。

〈主な執筆活動〉
『授業をグーンと楽しくする英語教材シリーズ3　人気ゲーム満載！英語表現・文法指導アイデアワーク　中学1年』，『同シリーズ4　人気ゲーム満載！英語表現・文法指導アイデアワーク　中学2年』，『同シリーズ5　人気ゲーム満載！英語表現・文法指導アイデアワーク　中学3年』（2007年・明治図書），『同シリーズ9　スモールステップで英語好きになる！英文法の基礎・基本＆面白解説ワーク　中学1年』，『同シリーズ10　スモールステップで英語好きになる！英文法の基礎・基本＆面白解説ワーク　中学2年』，『同シリーズ11　スモールステップで英語好きになる！英文法の基礎・基本＆面白解説ワーク　中学3年』（2009年・明治図書），『すぐに役立つ！365日の英語授業づくりガイドブック　授業の基本・文法指導編』，『すぐに役立つ！365日の英語授業づくりガイドブック　コミュニケーション活動・評価編』（2012年・明治図書）

【本文イラスト】木村　美穂

中学校教師のための
学級経営365日のパーフェクトガイド
―居心地のよいクラスにするポイント＆チェックリスト―

2013年5月初版第1刷刊　Ⓒ著　者　笹　　達一郎
2015年2月初版第5刷刊　発行者　藤　原　久　雄
　　　　　　　　　　　　発行所　明治図書出版株式会社
　　　　　　　　　　　　　　　　http://www.meijitosho.co.jp
　　　　　　　　　　　　（企画）木山麻衣子（校正）三浦江利子
　　　　　　　　　　　　〒114-0023　東京都北区滝野川7-46-1
　　　　　　　　　　　　振替00160-5-151318　電話03(5907)6702
　　　　　　　　　　　　ご注文窓口　電話03(5907)6668

＊検印省略　　　　　　　組版所　株式会社明昌堂
本書の無断コピーは，著作権・出版権にふれます。ご注意ください。
Printed in Japan　　　ISBN978-4-18-050966-9